网络用户行为与心理研究

张爱华　王　干　著

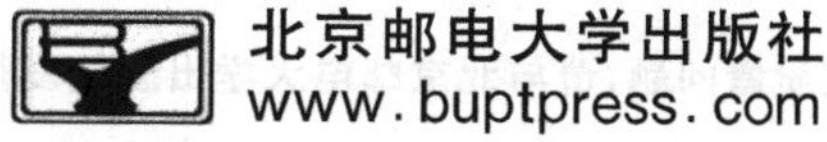
北京邮电大学出版社
www.buptpress.com

内容简介

本书从一个亲历者的视角分析网络用户的行为和心理，研究互联网的发展对于现代社会运转的深层次影响，并进一步探讨人与互联网互相依存、互相影响的共存方式。本书首先概述互联网的发展历程，总结互联网业务运行的三个基本条件，描述当前网络用户的生活状态和内在需求体系，以此作为研究网络用户行为和心理的基础。然后针对社交网络、网络购物、网络娱乐、网络资讯这四类主要的互联网业务进行分别论述，在方法上既包括基于心理学、行为学、社会学等相关理论的归类总结，也包括对互联网发展过程中经典案例的剖析，还包括实验性质的架空假设，从而在群体和个体两个层面揭示了网络用户的心理因素与行为结果之间互相影响却又充满矛盾的复杂联系，以及在复杂表象之后的基本算法原理。

图书在版编目(CIP)数据

网络用户行为与心理研究 / 张爱华，王干著．-- 北京 ：北京邮电大学出版社，2022.12（2025.8 重印）

ISBN 978-7-5635-6815-4

Ⅰ．①网…　Ⅱ．①张…　②王…　Ⅲ．①互联网络—用户—行为分析—研究　Ⅳ．①C912.6

中国版本图书馆 CIP 数据核字(2022)第 227485 号

策划编辑：彭　楠　　**责任编辑**：刘春棠　　**责任校对**：张会良　　**封面设计**：七星博纳

出版发行：北京邮电大学出版社
社　　址：北京市海淀区西土城路 10 号
邮政编码：100876
发 行 部：电话：010-62282185　传真：010-62283578
E-mail：publish@bupt.edu.cn
经　　销：各地新华书店
印　　刷：保定市中画美凯印刷有限公司
开　　本：720 mm×1 000 mm　1/16
印　　张：11.5
字　　数：168 千字
版　　次：2022 年 12 月第 1 版
印　　次：2025 年 8 月第 2 次印刷

ISBN 978-7-5635-6815-4　　定价：58.00 元

前言

新冠疫情改变了很多人的生活方式，网络购物、网络娱乐成为城市居民在疫情防控期间的生活方式，就连一部分尽量远离互联网、坚持使用老式手机的人也换了智能手机，以便实现健康码的功能。作为现代社会的基础设施，互联网的重要性早已为人们所熟知，尤其是在疫情的考验下，人们发现互联网早已变得不可或缺。从最初用来传递信息的一个简单工具，变成今天由数不清的服务器、传输线路、终端组成的巨大网络，互联网无论从规模、结构还是功能上都表现出了令人惊叹的复杂性。与其他工具相比，互联网的特殊之处在哪里？

人们去博物馆里参观古代遗留下来的工具，如石斧、青铜器具、马车或者各种各样的生产工具，可以知道它们的用途和使用方法，并且能够进一步推测当时的生活方式和生产组织形式，从而勾勒出一幅生动的社会画卷，但这幅画卷是不全面的，除了因为年代久远而造成的信息缺失以外，更重要的是无法获知人们在使用这些工具时的心理，也就无法在行为和心理之间建立清晰的关联。对于古人来说，人是人，工具是工具，人可以借助于工具在自然界留下自己的印记，但二者的割裂却导致人们很难将自己的心理活动在工具上留下具象化的表述。这也是文字的可贵之处，借助于文字，人们可以传达复杂的信息，包括心理以及心理与行为的关联。

进入电气时代之后，传媒工具的发展使得声音和影像成为人类社会信息传递和存储的重要载体，人们可以更便捷地观察社会成员个体和群体的活动，体验别人的喜怒哀乐，并可能产生心理上的共情。但是，传统传媒工具在传播方向上通常都是单向的，无法实现人群之间的实时互动，并且它对人们行为和心理的记录方式是人为设计和选定的，代表了工具所有者的某种倾向，同时只有极少数的从业者能够对其所记录的信息进行回溯、统计、分析，这就造成了由传统传媒工具构成的传播体系仍然比较僵化，并具有极强的不对称性，同样没有实现人与工具的结合。

互联网的发展在很大程度上解决了传统传媒工具所存在的问题，它完美地实现了实时互动，虽然仍然逃脱不了倾向性的桎梏，但在丰富度上已经有了极大的提高，数字化的技术方式充分做到了内容方面的可留存、可重复、可度量，即使是普通人也可以轻易实现。互联网传播体系的灵活性和相对的均衡性将人与工具的结合推进了一大步，这种结合体现在两个方面。一方面，人的行为可以直接作用于互联网，“很大一部分”(之所以要加引号，是因为很难有一个精确的数字来界定，所以只能用这种模糊的方式来表述)的社会活动已经都可以在网络世界中实现，互联网既是工具，又是容纳人类活动的场所，实现了由“身外之物”到“身在此山中”的转变。另一方面，互联网中不但有各种各样的活动，还有人的情绪、态度、观点，这些心理因素不但可以被保存、被揭示、被分享，还可以与人们的行为建立各种各样的对应关系。综合这两方面的因素，互联网在众多的工具中脱颖而出，成为现代社会运转的基石之一。假如有一天，互联网作为一件藏品被放进博物馆，来参观的人不但可以看到实体化的各种设备，还可以看到互联网世界中人类的各种活动，以及其中折射出的各种心理，其纤毫毕见的程度将远超博物馆中的其他工具藏品。

人类社会的发展和演进是一个不断迁徙、不断开拓的过程，每一个新的环境都会引起人类群体和个体在行为和心理上的变化，产生各种标志性的事件和文化符号。“新的环境”既包括自然环境，也包括社会环境。在各种文学、影视、游戏作品的影响下，如今的人们只要一提起大航海时代，脑海中就会出现威严的船长、放荡不羁的水手、独眼的海盗、带着火炮的帆船这些标志性场景元素，以及发生在海洋和岛屿上的那些引人入胜的战争和冒险故事，这些素材都来源于人们探索新世界的历程，是心理因素和行为方式与海洋这个新的自然环境互相作用的产物。而在社会环境方面，最生动的例子就是我国改革开放四十多年来整个社会发生的变化，生活水平的提高和生活方式的改变使得人们的行为和心理发生了巨大的变化，产生了无数的新事物、新观念、新现象。互联网的特殊性在于其具备了自然环境和社会环境的双重性质，在面对这个与自己的生活紧密融合的新环境时，人们的行为和心理也必然会受到巨大的冲击，基于生物遗传特征的稳定性和面对新环境的变化并存，产生具备互联网特色的人类社会活动事件和文化符号是必然的结果。而且，由于互联网世界的丰富性可与真实世界相媲美，人类活动的各种产物几乎可以说是无穷无尽的。

互联网从20世纪90年代开始崛起，在21世纪逐步与人们的生活融为一体，直到如今变成人类社会运转的基石，未来甚至会变成科幻电影里描述的支配性力量。身处这样的发展历程之中，透过各种互联网现象研究和分析蕴含其中的网络用户行为和心理，这既是作为互联网“居民”对自己生活的一种审视和复盘，也是更深刻地认识世界、认识人类社会的重要环节，是一件有意义且有趣的事。

目录

第一章

新的生存空间

第一节 互联网的产生

纵观地球生命的发展历史,“拓展生存空间”是一个永恒的主题,最简单的单细胞生物可以通过本能的运动去追寻适宜的生存环境,远古时代的海洋生物凭借进化的力量登上了陆地,茂密的森林里喜欢阳光的植物努力地向高处生长,所有的生物活动都是这个主题的具体体现。在追求更加广阔的生存空间的过程中,生物的活动改变了地球的样子,人类的出现使这种改变达到了一个空前的水平。人类的祖先在当时地球上的芸芸众生之中很不起眼,与其他具有尖牙利齿的掠食动物相比,他们的体型虽然不算小,但也不算大,在速度和力量方面并不出众,硬件条件乏善可陈,在自然界中的天敌并不少。但仅仅经过数百万年的演化,人类在生存空间的竞争中脱颖而出,成为对大自然影响力最大、改造能力最强的物种。

之所以出现这样的局面,主要是因为人类具备了大脑、工具和交流这三大要素。空前进化的大脑使得人类拥有了相比于其他生物更加复杂的意识、语言、学习、记忆等高级神经活动,是人类赢得物种竞争的生理基础。在大脑的作用下,人类制造并使用越来越复杂、越来越强大的工具,优化了认识和改造外部环境的手段,这大大增强了生存能力和发展能力,并且反过来促进了大脑能力的进一步发展。同样是依赖发达的大脑,人与人之间能够实现复杂、准确的信息交流,以语言和文字为载体实现大规模的群体协作,以更加多样化的组织形式实现了整体行动能力的几何级增长。大脑、工具、交流三要素相互影响,互相促进,帮助人类开枝散叶,把自己的生存空间扩展到了地球表面的各个角落。在这个过程中,人类的生理需求和心理需求不断得到满足,也不断被激发,群体因此而融合、分化,产生了各种各样的行为和思想,但就整体而言,人类的所有活动始终在践行“拓展生存空间”这一主题。在不断开发地表的同时,人类把目光瞄向了地下、海底以及太空。与此同时，一个新的空间在人类的手中逐渐形成，这就是互联网。

长久以来，人类一直想创造一种工具来满足计算的需求。17 世纪的欧洲已经出现了早期的机械式计算器，第一台现代意义上的电子计算机通常被认为是 1946 年美国宾夕法尼亚州立大学莫尔电工学院制造的“ENIAC”，其主要被用于计算弹道。随着科技的进步，计算机的性能不断提升，提升的速度在 1965 年由美国人戈登·摩尔（Gordon Moore）总结为“摩尔定律”，即“当价格不变时，集成电路上可容纳的晶体管数目约每隔 18 个月便会增加一倍，性能也将提升一倍。换言之，每一美元所能买到的计算机性能将每隔 18 个月翻两倍以上”。计算机的性能提升仅仅是互联网的基础，多台计算机连接在一起实现信息的交互才是更关键的因素。1969 年，“ARPANET”诞生于美国国防部，实现了计算机之间的连接；1989 年，“万维网”诞生，人类拥有了空前的信息传播媒介，现代意义上的“互联网”正式出现。当互联网与手机结合之后，产生了移动互联网的概念，互联网的范围变得更为广泛。We Are Social 和 Hootsuite 联合发布的《2021 年 10 月全球数字报告》显示，截至 2021 年 10 月，全球共有 48.8 亿的互联网用户，约占全世界总人口的 61.8%。而我国作为世界互联网产业的高地，拥有世界上最大的网络用户群体，中国互联网络信息中心（CNNIC）发布的第 49 次《中国互联网络发展状况统计报告》显示，截至 2021 年 12 月，我国网络用户规模达 10.32 亿人，互联网普及率达 73.0%，其中手机上网的比例高达 99.7%，同时，农村地区和老年人的上网比例分别达到 57.6%和 43.2%，这样的数据充分反映了互联网的普及化和移动化的趋势。

人类创造互联网最早是为了便于计算和信息传递，这与创造其他工具的初衷并无二致，但实际的情况却完全超出了人类最初的设想。传统意义上的工具，不管是锄头还是运载火箭，即使规模达到天文数字，其存在的意义仍然仅仅是工具而已，即使随着时代的发展，工具的内涵逐步扩展，其本质是不变的。但互联网不一样，如今它已经不能被简单定义为一种近 50 亿人使用的工具，而是成为现实世界的延伸，是一个供近 50 亿互联网用户生存的虚拟空间，因为互联网具备了时间上的“持续性”和空间上的“无限性”。

“持续性”是一个时间概念，首先，互联网从诞生的那一刻起，作为一个客观存在是延续的，没有间歇性消失，而且在可以预见的未来也不会消亡；其次，互联网世界内部也同时具备了时间概念，并且与现实世界的时间度量保持同步，人类可以像进出房间一样自由穿梭在现实世界和互联网之间，而不必烦恼时间上的错乱。“无限性”则是一个空间概念，主要是指互联网世界的内容几乎涵盖了人类生活的所有方面，对网络用户来说这些内容所组成的虚拟世界可以说是无边无际的，与现实世界一样具有极大的丰富性，网络用户终其一生也无法尽数浏览，而且互联网世界是一直在发展的，新的内容在源源不断地产生，更重要的是互联网的多数内容并不是某个用户所独占的，数字世界的内容几乎都可以复制传播，一条视频可以供所有人观看，不会像一瓶矿泉水那样只能属于某一个人。快速增长的内容规模、多人共享的发展模式造就了互联网无限的内部空间，在众多展示网络世界的科幻电影中，互联网的形象通常是一座巨大的城市，这是一种非常贴切的描述。有了时间上的“持续性”和空间上的“无限性”，互联网才真正可以被称为现实世界的延续，网络用户在其中进行社交、娱乐、学习和工作，让这个由无数电子元件组成的冰冷连接体变成了一个有温度的人情社会。

第二节 互联网业务运行的三个基本条件

“Across the Great Wall we can reach every corner in the world(越过长城，走向世界)”，这是 1987 年 9 月 20 日从北京向世界发出的中国第一封电子邮件，也可以被看作中国互联网应用的开端。时至今日，作为应用最广泛的互联网业务之一，电子邮件的基本形态并没有发生太大的变化，其在物理空间、响应时间、目标识别三方面所具备的特性就是互联网世界几乎所有业务运行所倚仗的三个基本条件。

物理空间是人类社会存在的现实基础，人类活动所依赖的物流和信息流必然受到物理空间的限制。当前的互联网对物流仍然无能为力，物流传递只能在现实世界中实现，也就是所谓的“线下”，而在“线上”的互联网世界中，以电磁信号为载体的信息流实现了对物理空间的跨越，文字、图片、音频、视频等各种信息都可以在一瞬间传递到所有网络覆盖的地方，不但在传递效率上将传统的纸面文字符号远远地抛在身后，而且在互动性上也超越了电报、广播、电视和电话这些现代媒介。因此，在信息流传递方面，如今的互联网已经突破了物理空间的限制，并通过“线上”与“线下”覆盖了地球物理空间的各个角落，衍生出了互联网业务的各项应用。

响应时间则是在互联网具备“持续性”特质的前提下对信息交互时限的界定。对于获得的信息，接收者可以实时进行回应，也可以在稍后一段时间内回应，或者永不回应，这三种情况在现实世界中都存在。互联网的特别之处在于，它大大提高了用户选择交互时限的自主性，简单来说，忽略一条微信消息比两个人面对面保持沉默要容易，因为手机或者计算机带来的压力比活生生的人要小得多，当互联网用户对某条信息毫无兴趣的时候可以选择直接删除，而这在现实世界中则很难实现。响应时间虽然看似是一个很基本的要素，却可以让网络用户在突破物理空间限制的同时获得自由控制的心理距离。

目标识别是一切思想和行为的基础，“我是谁”“我的行为指向谁”“谁的行为指向我”是目标识别的三种基本模式。在现实世界中，目标识别的范围虽较小，却比较精确，人们很容易就能搞清楚熟人的身份、家庭情况、喜好、行为特点、经济条件等，“我指向的”和“指向我的”都相对明确。在这种情况下，个人意志会因为目标识别的明确而受到很大的限制，社会规范对于个人行为有极强的约束力。而在网络世界里，目标识别的范围虽很大，却普遍很模糊，因为网络用户都会把自己的个人信息隐藏起来，即使是展现出来的部分也很可能是不真实的，“我指向的”和“指向我的”都变成了一个符号。模糊的目标识别降低了对个人意识的束缚，网络用户可以用很低的成本去隐藏自己的真实情况，即使在普遍推广网络实名制的今天，用户身份的界定仍然困难重重。在这种情况下，个人意志对行为的影响力大大增强，社会规范的约束也随之削弱。

物理空间的有限突破、响应时间的自由改变、目标识别的模糊化，这三个基本条件成为互联网世界里通行的行为准则，也是网络用户思考和行动的基本出发点。以此为基础，普通人似乎变成了电影中的超级英雄，鼠标一点就可以突破空间和时间的束缚，还可以根据自己的意愿幻化出不同的身份和形象，去做那些现实世界中想做却又不敢做或者做不到的事。在数十亿超级英雄的共同努力下，互联网从最初笨拙的简单连接终于发展成为今天的模样。

第三节　网络用户在做什么

1999 年，一场“72 小时网络生存测试”活动在北京、上海、广州三地同时举行，这次活动由信息产业部信息化推进司指导，多家新闻媒体联合主办，经过层层筛选的 12 名测试志愿者需要在独处的环境下借助于拨号上网的计算机进行网络购物和娱乐，以此满足一段时间内的生理需求和心理需求。最终 11 人成功完成了测试，另有 1 名从没上过网的测试者因网络购物不成功而退出。测试结束后的心理检查结果显示，志愿者们都非常疲惫，注意力、记忆力等都明显下降。

2016 年，上海国际信息消费节举办了“72 小时无网络生存测试”活动。参与的志愿者被分为两组进行对比，“无网络组”只能使用语音和短信作为通信方式，“有网络组”只能使用移动互联网，而不能使用语音和短信。活动结束后，“无网络组”的志愿者普遍表示时间过得特别慢，甚至可以用度日如年来形容，而“有网络组”则表示生活基本没有受到影响，一切如常。

从“网络生存测试”到“无网络生存测试”，生动地体现了互联网“波澜壮阔”的发展历程。特斯拉及 SpaceX 公司创始人埃隆·里夫·马斯克(Elon Reeve Musk)甚至说：“我们已经成了那种靠机电装置维持生命的人了，试试把手机关上一段时间，你就会明白幻肢综合征是什么意思。"这样的言辞充满了警告的意味，也充分显示了互联网在现代人生活中所处的重要地位，因为人类几乎将所有能够虚拟化的活动都搬到了互联网上。简单概括起来，网络用户在互联网世界里的活动主要包括社交、购物、娱乐、信息浏览四大类。

社交活动涵盖通信和自媒体两类，通信指的是互联网用户利用电子邮件、即时通信软件互相传递信息，自媒体则是指通过微博、朋友圈、公众号、短视频、网络直播等手段与其他用户进行互动。购物活动泛指互联网用户的所有消费行为，根据消费模式可以划分为应急型消费（有确切需求的购物行为，如购买应急商品、网约车、租房、家政服务等）、消遣型消费（无确切需求、在消磨时间的过程中遇到感兴趣的商品而临时决定的购物行为）、集中型消费（"双十一"购物等）。娱乐活动则是指互联网用户通过网络游戏、论坛社区、综艺节目、影视剧等多种方式来满足自身娱乐需求的活动。信息浏览主要是指观看新闻资讯、查找工作和生活所需的各种资料等。这四类活动之间的界限并不是特别分明：从功能上来说，彼此之间并不冲突，信息浏览可能起到娱乐的作用，购物也会有社交的属性；从软件载体上来说，同一款软件可以实现多种功能，像抖音这样的应用软件就同时具备了社交、娱乐、资讯、购物等多重属性。

第四节　网络用户的需求

与现实生活中的所有人类活动一样，网络用户的活动都来源于内在的各种"需求"。在描述人类基本需求的理论中，"马斯洛需求层次理论"是广为人知的一种，由美国心理学家亚伯拉罕·哈罗德·马斯洛（Abraham Harold Maslow）于 1943 年在《人类激励理论》中提出，其核心内容是人类需求由低到高按层次分为五种，分别是生理需求、安全需求、社交需求、尊重需求和自我实现需求，之后又补充了针对文化、艺术、自然和人类美德的审美需求，以及针对人生意义、宇宙规律的终极精神需求(如宗教)。这些需求像阶梯一样逐级递升，人类总是倾向于优先满足低层次需求，在此之前，高层次需求就相对没有那么迫切，只有当低层次需求得到满足之后，高层次需求的激励作用才会显现。

在实际的应用过程中，对于人类需求层次的划分会更加复杂，不同层次之间的界限会很模糊，某一个事物会因为当事者所处的环境不同或者观察角度的不同而被归类为不同层次的需求，甚至其范围可以覆盖所有的层次。例如，当某人在一家奢华酒店富丽堂皇的餐厅享用早餐的时候，他对于食物的生理需求得到了满足；酒店的级别决定了早餐的档次，他不必担心食品安全的问题，这就满足了安全需求；这时他的商业伙伴和他坐在同一张桌子旁，两个人边吃边聊，实现了社交的需求；透过明亮的落地窗，他看到了酒店外面的路人投来羡慕的目光，这是对他经济实力和社会地位的认可；面对眼前的一切，他回想起自己白手起家、努力奋斗的种种艰辛，志得意满，自我实现的需求得到满足。人的需求具有极高的复杂性，"吃早餐"这样一种简单的行为在内外部种种因素的影响下具备了更丰富的内涵，在互联网世界中这样的现象更加普遍。在互联网世界中网络用户的需求也可以按照"马斯洛需求层次理论"进行归类，但单纯满足某一种需求的活动非常罕见，不同层次之间的渗透和融合才是主流。

更关键的是，由于在物理空间、响应时间、目标识别三个方面的特性，互联网拓宽了人类满足需求的渠道，不但成为现实世界的延伸，还实现了一定程度上的替代，尤其是对于在高级别的社交、尊重和自我实现方面的需求，越来越多的人把自己寻找和努力的方向转向网络世界，即使不能完全摆脱现实世界的束缚，也可以在一定程度上满足这些需求，互联网变成了他们躲避现实生活惊涛骇浪的港湾，甚至一部分人会因为在网络世界里的"成功"而改变在现实生活中的状态。

还有一点，当智能手机成为生活必需品之后，网络用户的范围几乎已经覆盖了全部有一定行为能力的社会群体，年龄很小的孩子就已经可以熟练地解锁屏保、找到游戏App,在老年大学和社区活动站里,智能手机的操作成为老年人的必修课程,形形色色的网络用户都可以在互联网世界里找到自己需求的满足点,同时也产生了丰富的心理现象和行为现象。

第五节　行为和心理

对于行为和心理的研究由来已久,如今已经成为非常成熟的科学——心理学和行为学,二者联系紧密又有所区别,涉及的领域包括人类学、社会学、伦理学、政治学、历史学、生理学、生物学等,可以说包罗万象。人类的行为和心理密不可分,心理决定行为,行为是心理的外在体现,同时又反过来影响心理的巩固、改变和形成,严格区分某个研究议题属于心理学还是行为学的范畴是一件很困难的事。对于几乎任何现象的研究都依赖观察、记录和总结,量化是必要的途径,对行为和心理的研究也不例外,但相比于其他学科,行为和心理之间的关联更加隐晦。

行为可以直接观察和记录,因此有关行为的特征和规律相对容易获取并进行量化分析,而心理则源于人脑的生理机能,是人脑在外部条件的刺激下数以亿计的神经元的综合反应。当神经元之间的信号传递积累到一定的能量阈值后便会形成脑电波,对脑电波的监测是当前研究心理唯一可以依赖的量化手段,目前已经取得了巨大的成就。2020年3月,《自然·神经科学》杂志刊登了美国加州大学旧金山分校科研团队的一篇文章,该文章称使用人工智能解码系统把监测到的脑电波转译成英文句子时,最低平均错误率只有3%。2016年,特斯拉创始人埃隆·里夫·马斯克创立了Neuralink公司,旨在通过探索人脑如何与计算机连接治疗脑部和神经系统疾病,而最疯狂的终极目标则是将人的意识转化成可以存储的比特信息,实现脑机融合,乃至意识的“永生”。2020年8月29日,马斯克举行了Neuralink脑机接口芯片发布会,展示了脑机接口的解决方案,并用一头猪来作为实例。这些案例都体现了当代科技在人脑量化探索领域的尝试和突破，但这离揭示人类心理世界的奥秘还有很长的路要走。机器可以记录脑电波，也可以将其与喜悦、难过、恐惧、愤怒等情绪以及语言、文字等信息进行对应，但对于更深层次的心理现象（如“意识”，也就是对“自我”的认知）则无能为力。猪这样的动物必然是有“情绪”的，它的行为可以根据“情绪”来预测，但到目前为止却无法探测到其“意识”的世界，也就是说无法了解猪对于自己和外部世界的看法或者观点。人则不同，人的“意识”并不是情绪的简单堆积，而是人在所有生理和心理现象之上更加抽象、更加高级的自我认知，是人之所以为“人”的心理本源，人可以凭借“意识”来控制情绪对行为的影响，例如，在极度愤怒的情况下，人仍然可以保持克制和冷静，因而单纯地分析脑电波和情绪无法预测人的行为。Neuralink公司的脑机解决方案可以用在猪身上，也可以用在人身上，但目前的应用仅限于建立脑电波与情绪或者信息之间的联系，无法深入“意识”层面。由此可见，虽然人的行为特征相对容易掌握，但是对心理规律进行深层次的定量分析在目前的情况下仍然极为困难，因此很难在二者之间精确建立一种强相关的线性关系，这也从一个方面解释了人的行为的复杂性和不可预测性。

心理与行为之间的关系更像是一个“黑箱”，旁观者可以看到输入，也就是人当前的各种需求和所处的外部环境因素，也可以看到输出，即人的行为，但对于“黑箱”内部的运作原理，也就是心理活动与行为之间的联系，却不能直接确定，只能通过分析输入和输出的关系，用总结归纳的方法去描述“黑箱”内部是怎么运行的。网络用户的心理和活动同样属于心理学和行为学的范畴，同样可以参照“黑箱原理”进行研究。网络用户面临着来自所处社会环境的压力和影响，因为生理和心理上的各种需求进入互联网世界，遵循互联网世界物理空间、响应时间、目标识别三个方面的规则，这就是“黑箱”的输入。“黑箱”的输出则是各种各样的互联网现象，既包括网络用户的个体行为，又包括彼此之间互相连接、互相影响形成的群体行为，以及隐藏在表面行为背后的逻辑和模式。而对于“黑箱”内的规律，则可以按照“认知—情感—意动”的模式来进行总结。“认知—情感—意动”是心理学中较为常见的心理过程划分方式，被称作“心灵三部曲”，其中：认知是对获得意识和知识的过程的描述，包含对外部信息的感知、排序、综合、推理、假设等心理活动；情感是在认知的基础上对情绪感受的总结，反映了对于事物的某种态度，也是产生行动的心理基础；意动则是由情感导致行动的过程，是将心理世界与外部环境联系起来的桥梁，是心理“黑箱”中不确定性最大的因素，因为情感与行动之间并不存在百分之百的必然联系，积极的态度不一定导致行动，消极的态度也不一定不产生行动。

研究网络用户的行为和心理的一个有利条件是，互联网就是一个天然的数据库，尽管其中的内容有些繁杂，但是极为丰富。传统的心理学和行为学研究通常需要借助于实体实验，研究者要针对某个研究课题组织志愿者现场参与，在志愿者的规模、实验过程的设计、数据获取的广泛度等方面都会受到诸多限制，但在互联网世界里这些限制大大减少。人类的所有活动都是以比特流的形式出现、传播和保存的，从技术的角度来说，能够保证百分之百的准确，而且可以准确定位时间、来源、流转等关键属性，这使得人们不但可以看到从互联网发轫之初到目前的各种第一手资料，还可以实现人类数百万年演化过程中所积累知识的数字化，使其更容易被保存、传播和传承。更重要的是，“分享”是互联网存在的意义之一，这使得每个人都有可能成为知识资料的创造者和使用者，任何一个普通的网络用户都能够比 20 世纪 80 年代以前的专业研究人员获取到更丰富的资料，其中既有网络用户个体日常的衣食住行、喜怒哀乐，又有群体用户在一个又一个偶然或者刻意为之的社会事件中的集体反应，这些都为网络用户的行为和心理研究提供了丰富的素材。有了这样的有利条件，再结合相关学科的研究成果，就可以在无边无际的互联网海洋中更加清晰准确地勾勒出网络用户的轮廓。

研究网络用户的行为和心理有什么意义？人类通过行为学和心理学的研究来审视自己，试图发现经历数百万年进化而形成的外部行为规律、内心活动原理以及二者之间互相影响、互相制约的关系，在宏观上规范和引导社会群体的活动，使“人”这样一个物种在保持发展壮大的同时与所处的自然界和谐相处，并在微观上增强人类个体的自我控制和调节能力，提高生活质量，这样的道理同样适用于互联网世界。

网络用户是人进入网络世界以后获得的新身份，虽然是同一个人，但个体活动方式之间的差异很大，原有的群体组织规范也会发生变化，从社会管理的角度来说，研究网络用户的行为和心理可以加深对这种变化的认识，为社会管理者提供更有效的社会治理依据，提高社会治理水平。同时，互联网催生了数字经济的腾飞，企业经营者如果能够对网络用户的行为和心理有更深刻的认识，就能够抓住数字经济的机遇创造更多的经济价值，提高社会整体经济效益。对于网络用户个体来，互联网世界充满了魅力，也充满了未知，甚至遍布陷阱，该如何理解和应对互联网世界里的种种现象？该如何评估自己和其他网络用户的关系？该如何认识“需求加心理导致行为”的活动模式？这不但关系到网络用户在互联网世界中的生活质量，还有利于更好地规划和应对自己在现实世界中的生活。

第二章

社交网络

第一节 信息的传递

信息传递是人类的基本需求，得益于发达的大脑，人与人之间存在着比其他动物更加复杂、高效的信息传递行为，这是推动人类社会发展的基本要素之一。在信息传递的过程中，更大的传递范围、更短的传递时间、更高的精准度是人类追求的目标，但在相当长的时间里，信息传递手段的进步非常缓慢，基本上与道路、航线和交通工具的发展同步，拿破仑的传令兵和臂板信号机与秦始皇的邮驿系统和烽火台并没有本质上的差异。

1837 年美国画家萨缪尔·芬利·布里斯·摩尔斯（Samuel Finley Breese Morse）发明了电报和摩尔斯电码，1876 年美国发明家亚历山大·格拉汉姆·贝尔（Alexander Graham Bell）取得了电话发明专利，自此人类实现了语音和文字的远距离、实时传递，这是信息传递方式的巨大飞跃。在之后将近一百年的时间里，电话和电报一直是最先进的信息传递手段，直到 1971 年，为美国国防部阿帕网工作的计算机工程师雷·汤姆林森（Ray Tomlinson）发明了电子邮件，并选择“@”符号作为用户名与地址的间隔，人类终于可以利用计算机传递信息了。

但是，无论是电报、有线电话还是基于计算机的电子邮件，其所构建的信息传递系统始终是以“物”为基础节点的，“物”与信息的最终接收者“人”之间仍然没有建立稳定的联系，也就不能完全实现人与人之间随时随地的联系，原因在于发报机、电话机和计算机等通信终端的移动性很差，对“人”来说其只是一个外部的工具，并没有真正与“人”融为一体，“人”仍然游离在整个系统之外。当一个人在电话上拨了一连串号码之后，电话另一边响应的并不总是他想找的那个人，甚至根本无人响应，这就大大影响了信息传递的效率。

1973 年 4 月，美国摩托罗拉公司的工程师马丁·劳伦斯·库帕（Martin

Lawrence Cooper)发明了世界上第一部民用手机;20 世纪 80 年代中后期,手机开始在欧美和日本大规模商用;中国大陆也于 1987 年 11 月 18 日在广州开通了第一个蜂窝式移动电话系统。早期的手机体型大,网络覆盖范围有限,价格非常昂贵,但已经具备了一个足以改变人类信息传递方式的特质——移动性。正是因为终端具备了移动性,“人”才真正成为信息传递系统的一部分,电话号码真正成为“人”在系统中的特定标识,信息传递的效率达到了前所未有的水平。

1993 年,IBM 公司推出了世界上第一款智能手机 Simon(也是世界上第一款使用触摸屏的手机)。这款智能手机使用 Zaurus 操作系统,只有一款名为“Dispatch-it”的应用软件。2007 年,苹果公司推出了第一代 iPhone,并于 2008 年 6 月推出了 iPhone 3G。自此,智能手机的发展开启了新的时代,全屏幕取代了手动键盘,硬件功能越来越强大,软件应用越来越丰富,逐渐演变成如今的样子。而借助于智能手机,网络用户在语音、文字之外还实现了视频交流和空前复杂的智能交互,信息传递行为具备了更加丰富的内涵,而成本则一直呈下降趋势。

需要说明的是,以手机、计算机为代表的终端只是人类信息传递系统中最前端的部分,其背后还有一个巨大的通信网络。通信网络按照接入终端的不同大体上可以分为有线网络和无线网络,在实际中二者紧密相连,很多传输、交换、IT 支撑、局房等软硬件系统是共用的。通信网络的发展与终端的发展是同步的,以移动通信网络为例,1G 网络是模拟网络,2G 网络则实现了数字编码技术,3G 网络开拓了智能时代的应用场景,4G 网络解决了带宽和成本问题,而最新的 5G 网络则试图进一步实现万物互联。

总体来看,人类之间信息传递方式的演进就是人类不断突破物理空间限制的过程,而突破的关键就是信息载体的不断进步。信息的载体由竹简、羊皮、纸张这样的实物变成了电磁信号,不但提高了传递效率、降低了传递成本,还极大地丰富了信息的表现形式,并且使得信息流动的方向更加多样化,这在很大程度上改变了传统的社会组织形态和运转方式,催生了空前复杂的人际关系。

第二节 社会网络结构

人是高度依赖群体的智慧生物，在漫长的生物进化进程中几乎所有的生产和生活行为都离不开群体的互动，社会成员彼此之间依靠交流联系在一起，这就是人的社会性，各个层次需求的满足也是以社会性为基础的。在社会性的驱动下，人与人之间产生了复杂协同效应，形成了所谓的社会网络。

社会网络的基础节点是人，而其真正的灵魂则是不同节点之间的连接，它决定了社会网络内部信息流动的方向、方式和节点之间的关系。根据亲密关系的不同以及沟通频率的高低，人们可以将所有与之产生连接的其他人划分为强连接和弱连接。强连接指的是关系紧密、沟通频率高的人，如居住在一起的家庭成员、密切合作的工作搭档、经常聚会的朋友和伙伴等；而弱连接则是指那些相识但沟通频率较低的人，如多年不见的亲友和同学、某次聚会上有过一面之缘的陌生人等，手机里虽然保存了他们的联系方式，但沟通的频率很低，甚至许多年都没有彼此的消息。从数量上来讲，人在社会中的弱连接要远远多于强连接，传统的社会学理论认为每个人可以维持的联系人规模在150人左右，其中强连接约为30人，弱连接约为120人。在互联网时代，人们的连接数量也许会更多，手机里可能保存着上千人的联系方式，但有效的连接数量仍然保持在150人左右，强连接与弱连接的比例也基本恒定，其他的连接则可以划归为无效的连接。因为人的大脑所能处理的连接数量是由生理特性决定的，所以在生理特性保持稳定的情况下，人在社会网络中的连接数量并不会发生质的飞跃。

在强连接和弱连接的交互作用下，作为基础节点的人被镶嵌进了社会网络，这个网络的边际在哪里？人与人之间的距离有多远呢？这就需要引用“六度分隔理论”。1967年美国社会心理学家斯坦利·米尔格兰姆

(Stanley Milgram)提出了“六度分隔理论”,该理论认为在社会关系网络中,任意两个人都可以通过亲友之间的连接关系建立联系,这中间最多需要通过六次传递。一个形象的例子就是,任何一个社会网络中的普通人如果想要跟某个国家的元首取得联系,最多需要5个中间人。后来人们进一步发现,“六度分隔”的结构不仅存在于人类的社会网络中,还广泛存在于商业活动、生态食物链、人脑神经元等各个领域,在互联网世界里“六度分隔理论”同样可以成立。美国密歇根大学斯科特·佩奇(Scott Page)所著的《模型思维》一书中记录了利用电子邮件进行“六度分隔”实验的过程,实验组织者在全球范围内设定了18个最终收件人,邀请超过2万人参与实验,最终电子邮件链的中间路径长度依据最初发送者与最终接收者之间地理距离的远近保持在5到7之间,但是考虑到实验中的路径长度要大于参与者的最小路径长度,所以可以确定,绝大多数人的路径长度都在6以内。“六度分隔理论”的意义在于,看似纷繁复杂的社会网络可以用很简单的数字来进行描述,每个人在社会网络中都拥有自己独特的位置,连接他人,同时被他人连接。从理论上来说,只要信息传递的效率足够高,作为基础节点的人就可以把握整个社会网络运行的主要脉络。

但是,“信息传递效率足够高”这样一个前提说起来容易,在现实世界中的实现却非常困难,这要归因于人的生理瓶颈和心理局限。在生理上,人脑的能力虽然强于自然界其他所有的生物,但其处理信息的速度仍然有一个可以确定的上限,尤其是并行处理能力较差;而在心理上,各种认知盲区、思维偏差以及意志力衰退时刻影响着人的行为,导致最终的结果是效率低下甚至偏离既定的轨道。因此,虽然从上帝视角来看社会网络中人与人之间的距离很近,但在实际的社会运行中却像隔着千山万水,想要传递信息更是难上加难,就算侥幸实现了信息的传递,其准确性也难以保证,信息所承载的影响也就难以实现。

在社会网络中信息传递所产生的影响范围有多大?社会心理学家尼古拉斯·A.克里斯塔基斯(Nicholas A. Christakis)、詹姆斯·H.富勒(James H. Fowler)在他们的著作《大连接:社会网络是如何形成的以及对人类现实行为的影响》中提出了"三度影响力原则",其内容是人们所做的或者所说的任何事都会在社会网络中产生影响,波及的范围一般可以覆盖朋友(一度)、朋友的朋友(二度)和朋友的朋友的朋友(三度),随着传播范围的扩大,影响力逐渐衰减,如果超过三度范围,影响力便会消失。这个过程是双向的,人们在影响其他人的同时也被其他人影响,最终所有的影响交织在一起形成复杂的社会影响力传播路径。"三度影响力原则"揭示了社会网络中基于生物特征的固有衰减性和网络不稳定性,可以解释很多的社会现象,如社会治理的低效、大企业病等。

需要说明的是,社会网络传递的信息以及人们彼此之间的相互影响是一个很宽泛的概念,具体可以包括语言、文字、欲望、感觉、观点、情绪等,以及由此产生的各种社会事件和现象。《大连接:社会网络是如何形成的以及对人类现实行为的影响》一书提到了"群体性心因性疾病"的例子:个体的某种情绪会在群体中快速蔓延,即使其他的个体并没有产生这种情绪的生理根源也会受到感染,进而表现出一致的生理症状。例如,1998 年 11 月 12 日,美国田纳西州麦克明维尔沃伦县中学的一名老师声称她因为闻到了汽油味而头疼、呼吸急促和呕吐,紧接着教室里的一些学生也出现了类似的症状,最初人们以为是化学气体泄漏引起的污染,但事件调查的最终结果却出人意料,教室里的学生因为目睹了老师发病而受到了情绪上的感染,在精神因素的压力下产生了发病的症状,这便是典型的群体性心因性疾病。无形的"情绪"通过社会网络实现了传播,产生了有形的影响,充分说明了社会网络中信息传递的复杂性和多样性。

由此可见,人作为基础节点,通过强连接和弱连接相互联系在一起,实现了复杂的信息传递,彼此之间产生了生理和心理上的影响,其范围遵循着"六度分隔理论"和"三度影响力原则",这便是社会网络大致的样子。

互联网同样是由人连接在一起构成的网络,其本质仍然是人类社会网络的一部分,但是由于其在信息传递方面的特殊性,人与人之间产生了一种新的连接方式,这就是社交网络。社交网络是一系列硬件、软件、服务和引用的统称,即社交网络服务(Social Network Service, SNS),按照中国人更偏向于4个字的构词习惯简称为社交网络。根据节点连接方式的不同，社交网络可以划分为即时通信（为用户提供即时通信交流服务，如微信、QQ）、社区论坛（为用户提供各个兴趣领域和话题的交流服务，如百度贴吧、知乎）、广播社交（为用户提供关注分享的广播式社交服务，如微博）、内容社交（为用户提供基于内容的社交服务，如各类短视频应用）、陌生交友（为用户提供与陌生人结识和交流的服务，如陌陌）。如今，社交网络已经是互联网最重要的应用之一，根据中国互联网络信息中心发布的第49次《中国互联网络发展状况统计报告》可知，截至2021年12月，我国仅即时通信业务用户的规模就已经达到10.07亿人，占全国互联网总用户的比例达到97.5%，在各项互联网应用中位列第一。社交网络存在和发展的根源则是贯穿人类社会网络发展历史的社会性，但是由于互联网的特殊性，它的出现改变了传统社会网络的运行规则，最直观的表现就是模糊了强连接和弱连接的界限，并使普通人的影响力有更多的机会突破“三度影响力原则”的束缚。

社交网络的基础节点是具象化为账号、网名的网络ID，其背后则是社会网络中的人或者组织，二者不是一对一的关系，一个网络用户可能拥有多个网络ID，而一个网络ID也可能对应着多个网络用户，如某些社会组织的官方微信、微博。仅考虑人与人之间利用社交网络传递信息的情况，涉及的变量包括熟人（互相知晓身份）和陌生人（至少有一方不知晓对方的身份）、单向沟通与双向沟通、高频次沟通和低频次沟通，存在8种连接方式，如表2-1所示。

表2-1 社会网络中的连接方式

序号	连接方式	示例
1	熟人双向高频次沟通	关系亲密的亲戚、朋友
2	熟人单向高频次沟通	单相思但得不到回应的表白者
3	熟人双向低频次沟通	关系疏远的亲戚、朋友
4	熟人单向低频次沟通	几乎没有交往的亲戚、朋友
5	陌生人双向高频次沟通	网友
6	陌生人单向高频次沟通	偶像明星与粉丝
7	陌生人双向低频次沟通	客服、快递人员
8	陌生人单向低频次沟通	发错信息的人

按照传统的强连接和弱连接划分，第1、5种连接方式是强连接，第3、4、7、8种连接方式是弱连接，而第2、6种连接方式则难以界定，姑且称为模糊连接。需要说明的是，在互联网出现之前的传统社会网络中，第2、6种连接方式就已经存在，例如，通过书信来单方面表达某种感情，而互联网的意义在于大大降低了这两种连接方式的成本，因为发微信或者在微博上留言要比写信的成本低得多，而且还可以采用图片、语音、视频等更加丰富的表现形式。

在传统的社会网络中，施加影响比单纯的传递信息要困难，影响传播的范围也相对较小，但社交网络所产生的模糊连接则使得施加影响变得容易，并且扩大了影响的传播范围，甚至会突破"三度影响力原则"的限制。

例如，某个单相思的男同学通过社交网络不厌其烦地对自己心仪的女同学表达爱慕之情，却始终得不到回应，这就是"熟人单向高频次沟通"，属于模糊连接。在这种连接方式中，男同学虽然传递了信息，却无法传递影响，因为他无法改变女同学的态度，甚至有被对方"拉黑"的风险。尽管如此，男同学依然坚持不懈，不断地嘘寒问暖，并且通过社交网络收集对方的喜好，以此为依据进行有针对性的沟通和自我展示，终于在某个特定的时刻赢得了女同学的芳心，这便是模糊连接降低影响传播难度的例子。在这个过程中，社交网络是一个情报收集和传递信息的工具，为男同学从单纯传递信息向成功施加影响的转化创造了条件。

而在"陌生人单向高频次沟通"的模糊连接中，社交网络对于影响传播的作用更是举足轻重，甚至可以用"划时代"来形容。假想一下，在《水浒传》的故事里，一个从未出过远门的梁山泊小喽啰从"同事们"那里听说了东京城的种种繁华，尤其对京城名妓李师师非常仰慕，但他只是一名最底层的士兵，身无分文，还要时刻遵守梁山泊严格的纪律，无法像梁山头领们那样随便下山，自然无法去京城一睹李师师的芳容。在这样的社会网络中，小喽啰想对李师师产生影响是不可能的事，甚至就连传递信息的难度都非常大，二者之间几乎无法建立连接关系。然而，如果加入社交网络这个因素，情况就完全不一样了。小喽啰可以到李师师的微博账号下面留言，也可以发私信，当然这种连接是单向的，很难与李师师建立双向联系，所以小喽啰要“包装”自己，并且想方设法用各种手段引起李师师的关注。

一个偶然的机会，小喽啰偷听到了高级头领的谈话，得知李师师竟然与宋徽宗关系密切，而且还与梁山之主宋江见过面。获得了这样的情报，小喽啰便采取了有针对性的策略，他通过类似于微博的社交网络给李师师发私信，“皇上已经怀疑你是金国的奸细”“皇上对你与梁山贼寇的关系严重不满”“只有我能帮助你脱离危险”等等，在没有监管的情况下，这些行为都是通过社交网络完成的，成本非常低，小喽啰要做的就是充分发挥自己的想象力去编造谎言，然后耐心地等待。终于有一天，李师师的注意力被小喽啰的私信吸引，她无法确定消息的真假，但想到自己和宋徽宗、宋江的关系竟然被一个陌生人知晓，自己的安全很可能存在很大的不确定性，她必须做一些事情以化解可能存在的风险。

在这样一个假设的场景中，李师师会做出怎样的选择其实并不重要，重要的是，小喽啰成功地对李师师产生了影响，甚至有可能进一步影响宋徽宗，这样一来，一个名不见经传的梁山底层小喽啰的影响力会在社会网络中传播到难以想象的范围，而这一切都要归因于社交网络。由此可见，社交网络是社会网络的一部分，它在功能上有极大的特殊性，使得社会成员的影响力传播由原来的线性模式变成了非线性模式，这种转变类似于物理学由经典力学发展到量子力学。在量子力学的理论中，传统的位移、速度等能够精确描绘粒子运动的方法不再适用，取而代之的是在一定范围内的概率。如果把社会网络看作一个系统，互联网用户就像是量子力学理论中的粒子，其行为和影响力都是模糊的，在范围、方向、强度上都表现出了极大的不确定性，有时甚至会出现类似于“量子纠缠”“量子跃迁”的现象，颠覆了传统社会网络的连接方式和运行模式，这便是社交网络的力量。

第三节 短信:萌芽时代的网络社交

电子邮件是最早的互联网应用之一,其作用通常局限于传递信息,应用场景多集中在办公领域,并不具备很强的社交色彩。在现代意义上的社交网络出现之前,真正的社交网络萌芽是另一种信息传递手段——短信(Short Message Service,SMS)。短信指的是电信运营商提供的通过手机或者其他终端发送文字信息的服务。最早的短信出现于1992年,英国沃达丰公司的尼尔·帕普沃思(Neil Papworth)通过GSM网络在计算机端向沃达丰通信总监理查德·贾维斯(Richard Jarvis)的手机发送了世界上第一条短信“Marry Christmas”。从发展的历程来看,短信的飞速发展期为21世纪的第一个10年,与PC端互联网的飞速发展期基本重合,其间手机与互联网的联系比较少,短信业务与互联网上的QQ、BBS社区是并行发展的,后来由于移动互联网的出现,手机与PC逐渐融合,短信不仅渐渐丧失了社交的功能,就连其最基本的信息传递功能也在逐渐变弱。1998年,中国大陆的运营商开始大规模推广短信业务,短信发送量快速增长,2012年中国大陆的短信发送量达到历史最高峰,为9 000亿条,之后便逐年下降,而且个人短信的占比越来越低,企业短信的占比则逐年提高。

之所以把短信称为社交网络的萌芽,是因为短信业务不但可以实现传递信息的客观功能,还能够充分体现用户在社交过程中的心理特点。从客观的角度来说,基于现代通信网络,短信的发送和接收具有实时性,从而实现了信息的快速有效传递,并且这种传递是双向的,用户之间在实现互动的同时还可以继续把信息传递出去,这与现代社交网络的功能是一样的。从主观的角度来说,用户在给别人发送短信时已经处于社交的场景之中,必然会考虑存在感、距离感、仪式感等多重因素的影响,这是使得短信具备社交功能的决定性原因。

置身于社会网络之中，与其他人的交流是绝大多数人不可缺少的生存手段，通过交流获得其他人的认同是人作为社会动物的基本需求，而被忽视、被遗忘则是深藏于潜意识里的恐惧。基于这种心理，每个人都会评估自己在其他人心中的地位，也就是自己的存在感到底如何，并与自己的期望进行对比，当二者互相匹配时，用户会认为自己在社会网络中所处的位置是恰当的，对自己的存在感也就感到满意，反之则会不满意。在不满意的情况下，人们通常都会认为自己的存在感太弱，没有获得应有的重视，有时候也会认为过强，自己被迫受到了过多的关注。对于存在感的评估是一种很主观的判断，不一定与事实相符，自认为存在感很强的人也许在别人眼中无足轻重，而没有刻意追求存在感的人却可能成为万众瞩目的焦点。人们通常都是根据社交过程中其他人对自己信息的反馈和感情的共鸣来判断的。而且，社交对象在自己心中的地位越重要，人们期望获得的存在感越强。如果认为自己的存在感不强，人们通常会采取行动进行调节，尤其是对于那些较重要的社交对象，几乎没有人能够对来自他们的冷漠和无视而无动于衷。为了调节存在感，人们通常会增加与社交对象的沟通频次，丰富沟通渠道。

短信既可以支持发送者发送信息，又可以支持接收者表达共鸣和提供反馈，因此就成为判断存在感的依据和调节存在感的有效手段。相比于普通的事务性短信，情感类短信更能反映出短信用户的存在感，用户发送这类短信不是为了像发电报一样简练客观地描述一件事，而是为了表达喜悦、幽默、愤怒、爱慕、想念等情感，此时用户对于接收者的反应更加期待。短信还有一个特点是经济成本较高，在业务发展的黄金年代，每条短信的价格通常在0.1元以上，不同运营商的用户之间互相发送短信的话成本会更高，即使后来有了综合各种业务的套餐，资费仍然是普通用户在使用短信业务时必须考虑的问题。因此，当用户发送短信时，他会花费更多的精力来选择短信的接收对象，并对短信内容仔细斟酌，因为对他来说发送短信意味着较高的经济成本、时间成本和心理成本，不能不认真对待。

如此一来，通过对接收对象和短信内容的精心选择，短信用户完成了评估自己存在感的第一步，接下来要做的事就是等待对方的反馈，结果包括正面反馈、负面反馈和不确定反馈。正面反馈意味着收到了对方的积极回应，说明对方对自己的短信很重视，愿意花费精力来与自己沟通，自己在对方心中具有一定程度的存在感。负面反馈和不确定反馈则是明确的拒绝、心不在焉的敷衍，以及彻底石沉大海，这样的结果有可能是由短信内容本身引起的，但更多的时候是因为短信发送者本身并不受欢迎，没有搞清楚自己与对方之间的关系定位，自己在对方心中并没有自己想象的那么重要，这两种情况对于短信用户来说都是一种打击。在这种情况下，短信用户可能会放弃对存在感的追求，也可能会锲而不舍、变本加厉地继续采取行动，直至达到存在感评估与自我预期的平衡。

短信用户的第二个心理因素是距离感，乍看起来也许跟存在感相矛盾，但对存在感的追求并不意味着彼此之间要时刻保持亲密无间的状态，人们与其他人发生联系时通常需要一定的心理距离来保证自己有一定的回旋余地，这类似于社会学研究中的刺猬法则。

刺猬法则描述的是这样一种现象：冬天两只刺猬想要互相靠拢来取暖，它们想尽量靠近一些，却又不能完全贴在一起，以免刺伤对方，最终它们要确定一个合适的距离，在取暖与安全之间达到平衡。在人际关系中也存在类似于刺猬取暖的现象，人们需要互相沟通交流，却又需要在自己周围的一定范围内保持一个完全由自己掌控的空间，如果这个空间受到了挤压或者冒犯，人们的心理就会受到影响，从而产生负面的情绪。从认知的角度来说，通常所说的“距离产生美”“仆人眼中无英雄”就是这个道理，当两个人的距离过于近时，隐藏的细节便会展现出来，远距离无法察觉到的缺点会影响彼此的态度。

距离感的产生和保持既依赖人与人之间的物理距离，还源于不同的态度和处事方式。例如，在一辆空荡荡的公共汽车上，仅有的两个乘客互不相识，通常情况下他们选择的座位都会比较远，这体现了人们对于物理距离的控制。又如，在一场热闹的宴会中，有的人左右逢源，谈笑风生，跟初次见面的陌生人也能打成一片，而有的人却显得与周围的环境格格不入，即使别人主动来攀谈也只是简单地应付，相比于那些跟谁都自来熟的人，他们对个人空间更加重视，希望时刻保持自己的独立性。人们对于距离感的偏好程度受到社会文化、风俗习惯、个体偏好等因素的影响，彼此差异巨大，但考虑到生活场景的多样性，人们普遍都需要调节距离感的手段，这样的需求在面对面的情况下会显得有点尴尬。

短信作为移动终端之间传递的文字信息，不但可以避免人与人直接见面，甚至连语言的交流都可以替代，这在很大程度上可以帮助用户应对距离失控的局面。当用户因为害羞、惭愧、回避、厌恶等情绪而不想直接传递某种信息时，短信的这种特质便会受到青睐，它可以缓解用户的尴尬情绪，尤其对于那些不善言辞的人来说更是如此。从接收者的角度来看，通过短信得到那些别人不方便直接说的信息似乎也更容易接受（表达爱意除外），因为他们有足够的时间对这些信息作出反应。于是，一条简单的短信使两个"刺猬"之间保持了合适的距离，他们既能获得彼此的信息，又满足了在社交中自我保护的心理诉求。

除了存在感和距离感，短信的仪式感也是对用户来说非常重要的心理因素。1908 年，法国人类学家阿诺尔德·范热内普（Arnold van Gennep）在《过渡礼仪》一书中提出，"人的生命总是存在一个阶段向另一个阶段的转化，在转化的过程中需要一个仪式"，而仪式感就是人们在这种转化过程中的心理感受，这种感受通常与愿景、价值、自我认同紧密相连，"生活需要仪式感"成为现代人经常说的一句话。

不同于不方便保存的语言，短信是可以看见、可以保存、可以转发的文字，这些特质可以实现某种象征意义的显性化，这样的特质从两个方面催生了短信用户的仪式感。从心理认知来说，人们在潜意识里会认为书面的文字比口头的语言更加郑重，因而会对短信传递的信息给予更多的关注，从而形成更加深刻的印象。从外部环境影响来说，短信可以与特定的外部环境因素紧密结合而形成特殊的心理符号，最典型的就是拜年短信。在短信快速发展的 21 世纪第一个 10 年，受到技术的限制，短信传递信息的形式主要是文字，而且篇幅有限，包括空格和标点符号在内总计 70 个字左右，但这丝毫不妨碍短信成为继电话之后中国人的又一个拜年首选。在春节这样一个对中国人来说仪式感最强的日子里，无数声情并茂、朗朗上口的拜年短信会在除夕的夜晚将运营商服务器的负荷推到全年的峰值，根据工信部的统计，全国人民在2013年的除夕一共发送了182.1亿条拜年短信，这是短信业务史上的最高峰。在这个过程中，短信的发送者认为自己完成了全年最后一个重要任务，而接收者也许不会认真阅读短信的内容，但他根据认知层面的体会可以感受到短信发送行为本身所包含的心意，即使是群发短信，这其中肯定还有一个选择发送对象的过程。于是，拜年短信成为一个心理符号，对双方来说都充满了辞旧迎新的仪式感。

总结起来，短信虽然不属于移动互联网时代的社交工具，但用户可以通过短信来评估和调节自身在社会关系网络中的位置，控制与其他关系人的心理距离，并以一种相对更郑重的形式完成信息传递，同时形成具有仪式感的心理符号，这样的心理过程赋予了短信社交的功能。进入互联网时代，QQ、微信、微博、短视频等社交媒体尽管在表现力和传播路径上有了巨大的突破，但蕴含在其中的用户心理和行为模式与短信仍然如出一辙。

第四节　朋友圈：精心策划的自我呈现

微信是腾讯公司在2011年推出的提供即时通信服务的免费应用程序。根据腾讯公司公布的数据，截至2021年第三季度末，微信及WeChat的月活跃合并账户为12.6亿个，是目前中国互联网市场中应用最广、用户最多的App。微信发布之初仅有即时通信、分享照片和设置个人头像等简单功能，相当于短信和彩信的结合体，后来逐步增加了语音对讲等功能。2012年4月，微信上线了朋友圈功能，为原来的即时通信应用程序赋予了更多的社交色彩，历经数个版本的迭代之后，朋友圈功能已经十分强大，用户可以发表文字、图片、小视频和相关链接，并可以与自己的微信好友进行双向的“评论”或“赞”，而双方共同的好友也可以参与其中。“看朋友圈”是被动的，对于自己不感兴趣的朋友圈，用户可以选择无视，甚至直接屏蔽，而“发朋友圈”是主动的，用户想通过发朋友圈这个行为来实现特定的自我呈现，这是朋友圈运转的原动力。

自我呈现最早由美国社会学家欧文·戈夫曼(Erving Goffman)在1959年基于符号互动论提出，指的是个体作为舞台的表演者，通过符号运用或其他手段展现自我，实现前台和后台形象的自由转换，达到印象管理的目的。后来随着众多社会学家和心理学家的深入研究，关于自我呈现的研究范围扩大到了整个社会网络，成为社会关系中人际互动过程的基本组成部分，其含义是人们在个体需求驱动下采取的以影响他人对自己的印象为目的的行为过程。自我呈现的含义中包含两个因素：一个是需求的驱动；另一个是行为过程。

需求包括自我情感类需求和外部功利性需求。自我情感类需求指的是人们对于情感连接和维系、自我价值实现、社会认同的需求；外部功利性需求则是由利益驱动的需求，如权利、金钱、生理欲望等。行为过程是自我呈现的策略，可以划分为积极策略和真实策略。积极的自我呈现策略是指人们有选择地呈现自身的优点，避免呈现缺点，塑造积极甚至理想化的形象；真实的自我呈现策略是指人们真实地表达自我，不考虑自身形象的美化。不同的需求与行动策略之间互相匹配，外化为自我呈现的具体内容，包括语言、形象管理、行为方式等。

具体到朋友圈来说，用户所发布的内容可以概括为体验/炫耀类、情感共鸣类、知识传播类、推介营销类。之所以把体验和炫耀放在一起，是因为二者之间的界限很模糊，用户在分享一次与众不同的体验的同时，往往会伴随着炫耀，或者被观众解读为炫耀，最典型的例子就是对美食、旅行、奢侈品的展现，其炫耀的意味非常明显，而在其他诸如亲子、健身、学习、工作等更加正面的场景中，也包含了发布者的自我肯定，这是一种隐性的炫耀。情感共鸣类则是一种情绪的宣泄，它既可能是来自发布者内心的真实感受，也可能是转载的“鸡汤”文，其核心的诉求是引起其他人的共鸣，达到“于我心有戚戚焉”的效果。知识传播类则可以看作一种更加理性的情感共鸣，其载体是发布者认为有意义、有传播必要的知识性内容，包含了“让世界更美好”“共同进步”的理想主义色彩。推介营销类最简单，发布者把朋友圈作为一个进行经济活动的平台，通过硬广告、软文、集赞、协助传播等手段来实现自己的经济目的。这些内容包含了朋友圈用户的自我情感类需求和外部功利性需求，在选择合适的策略来满足这些需求的过程中，有一个极其重要的区隔因素需要格外关注，那就是朋友圈的“分组可见”功能。

“分组可见”是微信用户可以主动选择的一种筛选机制，用户将联系人进行分组，朋友圈的内容只能被特定分组的朋友看到，其他人则看不到，而且这种筛选是可以对每一条朋友圈来实施的，从而实现了对每一条朋友圈扩散范围的精确控制。如今微信已经成为几乎覆盖所有生活场景的工具，微信用户的联系人越来越多，其身份各不相同，有亲人、朋友、同事、老师等，而且在每一个类别之内根据亲疏关系、利益关系的不同又可以进一步细分，彼此之间作为社会连接节点的关系非常复杂，“分组可见”功能可以让微信用户对自己的朋友圈接触面进行管理，在多个接触面之间实现游刃有余的切换，将自己生活的不同维度进行有效的区隔，从而采取有针对性的自我呈现策略。

大多数微信用户通过朋友圈进行社交主要是为了满足情感需求，因为就朋友圈业务的实现形式来说，微信用户发布了朋友圈的内容，该内容成为微信用户和他的微信好友注意力的汇聚点和沟通的连接点，双方对一个共同的标的物进行点评，交流的内容通常也较为随意，这样一个过程对于朋友圈的发送者来说就是一种一对多的情感互动。用户在进行基于自我情感类需求的自我呈现时，精神状态在很大程度上决定了采取何种策略。通常来说，当用户处于相对理性的状态时，更倾向于采取积极策略；反之，在非理性状态下，则更倾向于采取真实策略。

在理性状态下，用户能够将自己的注意力更加集中于自我情感的变化，进行深入的思考分析，进而激发更加丰富的联想和感悟，这个时候的朋友圈内容通常是对这个心理过程的外化，是一种经过深思熟虑后的主动呈现。例如，一个情绪稳定的微信用户认真阅读了一篇文章，深深折服于其中深刻的思想见地，内心产生了一种强烈的分享冲动，于是将文章分享到朋友圈，并且将自己的内心感受形成文字附在上面，这就是一种典型的基于自我情感类需求的积极自我呈现策略。经过这样的过程，用户先对个人情感进行了重构和升华，再向外传递，希望得到朋友圈观众对自己内在情感和外在社会形象的认同。

而在非理性状态下，情感的外化过程会具有更大的随机性，采用真实策略的可能性也更大。设想一下，一个情绪激动的人发朋友圈，其表现形式很可能是混乱、简单、未加修饰的，他只想把内心的情感表达出来，不会过多地考虑观众的感受。例如，当用户在极度沮丧时产生了怨天尤人的情绪，他觉得整个世界都在与自己作对，在这种情况下如果还能发朋友圈，其内容基本上就是情感的真实流露，而不太可能是经过修饰和掩盖的虚情假意，因为此时的他已经不太在意别人对他的看法，也不愿意去顾及行为的后果。

还有一种积极的行为在理性状态和非理性状态下都会发生，那就是展示，也可以称为“炫耀”。展示的内容多种多样，包括旅行、美食、娱乐、社交、成就、亲子等，其内在的逻辑都是希望展现自己当前的某种状态，得到观众的认同、羡慕甚至嫉妒，也就是通常所说的“羡慕嫉妒恨”，以此来建立自己内心的满足感和成就感。在理性状态下，用户通常会精心选择展示/炫耀的内容，很多时候会通过诸如修饰图片这样的技术手段来增强表现力，这也属于积极策略。但是，如果这样的行为泛滥，则可能会起到相反的作用，引起微信好友们的反感，多次重复的理性行为叠加在一起形成了非理性的后果，这与微信用户发朋友圈的初衷背道而驰。

除了情感需求，部分微信用户还会通过朋友圈来满足外部功利性需求。朋友圈是一个把微信用户和微信好友连接在一起、吸引微信好友注意力的媒介，而媒介的存在正是广告投放的先天基础，所以外部功利性需求最常见的表现形式是朋友圈的广告投放。朋友圈的广告主要有两个来源：一个是微信的运营方，也就是腾讯公司，其根据广告主（发布广告的商家）的要求进行定向广告投放；另一个是微商，其面向自己的微信好友进行广告投放。为了实现广告效果的最优化，广告主通常会采取积极策略，即利用各种手段强化广告的营销效果，而在特殊情况下，不按常理出牌的真实策略也可能会实现积极策略不能实现的效果，这通常也可以看作积极策略的一个变种。

2015 年，腾讯公司开始在朋友圈投放广告，并且朋友圈广告逐渐成为拉动企业收入增长的重要动力。2019 年第三季度的财报显示，“主要受惠于微信朋友圈广告库存及曝光量的增加，以及移动广告联盟的收入贡献”，网络广告业务的收入同比增长了 13%，其中社交及其他广告收入增长了 32%，而媒体广告的收入同比下降了 28%。腾讯公司在朋友圈投放广告的商业模式非常成熟，主要是以用户在微信中的活动特征数据为基础，利用大数据及人工智能技术对用户进行精准画像，结合广告产品的特征进行精准投放。广告投放的过程是揣摩和迎合观众心理的过程，在传统广告媒体中，过度的广告投放和低劣的洗脑式表现形式会引起观众的反感，这样的广告效果也无法让广告主满意，有时甚至会起到相反的作用。腾讯公司在朋友圈的广告行为十分注重用户的心理体验：首先，在广告主的选择上以广受认可的大品牌为主，这既可以确保广告主的地位与腾讯公司作为互联网巨头的企业形象相匹配，还可以在用户心中形成一种心理暗示，无形中提高了广告商品的整体档次；其次，在内容表现上力求做到观赏性和广告效果的统一，整体的表现形式也尽量符合微信的简洁风格；最后，为了保证用户的使用体验，严格控制填充率，以确保不会出现广告泛滥的情况。精挑细选广告主、精心设计广告内容、严格控制投放范围，腾讯公司通过这些措施有效保护了用户的心理感受，同时满足了广告主的外部功利性需求，获得了可观的经济效益。

2019 年 11 月 13 日，著名车企一汽-大众汽车有限公司在朋友圈投放了关于奥迪 Q8 的视频广告，但视频内容却是另一家车企英菲尼迪的广告素材（图 2-1），随后视频广告被迅速删除。腾讯广告官方微博发布致歉函称，腾讯广告发生广告素材错播事件，收到反馈后已立即下线相关广告。这样的商业乌龙随后演变成了一场不大不小的社会娱乐事件，不但引发了公众关注的热潮，其他的汽车厂商也趁着事件发酵的热度在微博上互动，纷纷用带有喜剧效果的语句来调侃此次事件，而这样的行为进一步引起了人们的兴趣，推动该事件持续发酵。从最终的结果来看，整个事件实现了普通广告难以企及的传播效果，以至于人们发出了疑问："这会不会又是一起精明的炒作事件？"不管答案是什么，乌龙广告能够引起人们如此大的兴趣，说明基于朋友圈外部功利性需求所采取的积极策略，在特定条件下可以满足互联网用户猎奇、娱乐的心理需求，这样的通过反差手段提升传播效果的案例为企业制订营销策略提供了有益的借鉴。

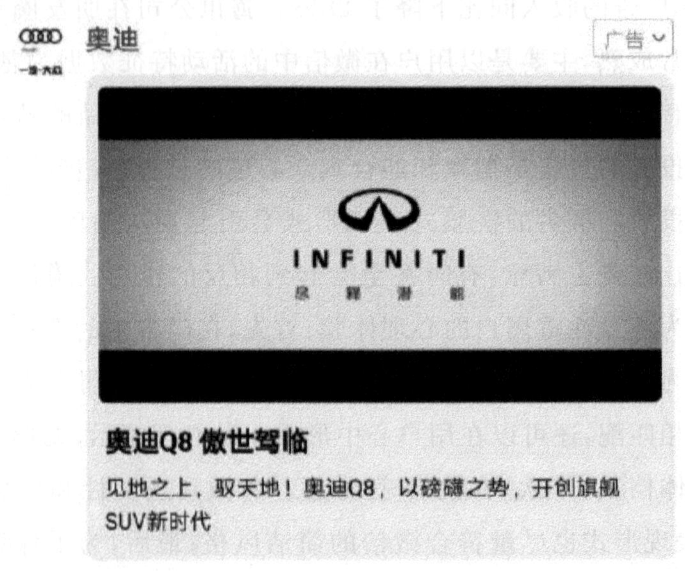

图 2-1　乌龙广告

朋友圈广告的另一个来源是微商。微商泛指所有通过社交网络进行营销和商业活动的个人用户。微商进行营销活动最常见的手段就是在朋友圈中发布商品广告，比较初级的手段是尽量扩大朋友圈的受众范围，让更多的微信好友看到商品信息。这种模式的问题在于，频繁的广告行为会对微信好友产生骚扰，严重影响微信好友使用朋友圈的体验，当骚扰达到一定程度之后，微商会被微信好友屏蔽，如果对方是关系不够紧密的弱连接，这种情况会更为普遍。而比较高级的手段是全力获取微信好友的信任，并将这种信任从自己身上扩展到商品上，激发微信好友的购买欲望。为了达到这样的目的，微商通常会采取积极的自我呈现策略，在朋友圈中塑造某种特定的

“形象”，充分调动微信好友的好奇心以及羡慕、渴望等有助于产生关注和购买行为的情绪，使之与对自己的信任形成合力，以此为基础进行广告营销。一个经常在朋友圈中展示奢侈品、豪宅、名车、高级旅行的微信用户通常是想为自己塑造一个“高品质生活”的形象，一旦这种形象塑造成功，用户所具备的一切与生活相关的要素都会与“高品质”产生关联，这就为推销商品创造了条件。这样的模式充分利用了心理学上的“晕轮效应”，即人们的注意力一旦被对方的某个特质吸引，就会不自觉地用这种特质代替、遮掩其他的特质，用先入为主的观念去泛化一切相关的因素，形成思维定式。例如，一名微商似乎在不经意间展示了一款名不见经传的化妆品，微信好友们并不了解这款化妆品，但因为该用户平时展示的都是高消费的“高品质生活”，微信好友们会很自然地将这种化妆品视作“高品质生活”的一部分，认为“她用的化妆品必然很高级”，在这种爱屋及乌的心理作用下，关注、心动直至购买的可能性就会大大增加。

为了实现营销效果的最优化，一部分微商可能会采取浮夸、虚假的积极自我呈现策略来塑造“形象”，甚至进行体系化、团队化的集体造假，这不是单纯的营销行为，已经涉及道德和法律的范畴。这样的行为在众多的朋友圈广告中屡见不鲜，有的会被轻松识破，有的则具有很强的迷惑性，甄别能力不强的社会群体会比较容易受骗。

2020 年，一篇名为《我潜伏上海“名媛”群，做了半个月的名媛观察者》的网文引起了人们的广泛关注，该网文大意是作者在支付了 500 元的费用后加入了一个所谓的“上海名媛群”，本以为这是经济条件优越女性的社交群，没想到却是一个凑钱购买高价商品用来拍照发朋友圈的购物群。群成员之间发布最多的是各类奢侈品的拼租信息，例如，6 个人拼购一份高级酒店的下午茶，数十人拼购一间高级酒店客房，等等，唯一的目的就是拍照然后发朋友圈，借以塑造自己的“名媛”形象。这些拼购奢侈品发朋友圈的人不一定都是微商，但其借助于朋友圈进行形象塑造的动机和行为方式与微商是一致的，都是通过积极的自我呈现策略来塑造一种高品质的生活形象，以此为基础谋取商业利益或者扩大自己的社交圈层。更进一步，为用户定制特定的朋友圈内容甚至已经成为一门颇具争议的生意，以奢华生活场景为主题的图片和与之匹配的文案变成了商品，专门针对具有炫耀需求却又无法靠自己来实现的网络用户。

身处纷繁复杂的社会网络中，自我呈现是人类个体与其他人进行交互的重要基础，呈现的效果与其在社会网络中的位置密切相关。自我呈现的手段多种多样，从最直接的服装配饰到深层次的言行举止，都是自我呈现的有效渠道，而互联网在信息传播上的优势则为网络用户提供了一种新的可能，微信朋友圈就是这条新通道上的一个有效载体。在现实生活中的心理需求和外部功利性需求的驱动下，网络用户会根据场景的不同分别采取真实策略和积极策略，从而衍生出了光怪陆离、形形色色的朋友圈世界。相比于通过现实生活中的实物和具体的行为去逐步完成自我呈现，朋友圈的成本显然更低，而且存在更大的可能性，这种可能性也许是正面、积极的，能够进一步促进人与人之间的沟通，也许是负面、虚假的，将人与人之间攀比、争胜的“孔雀心态”展现得淋漓尽致。

第五节　微博：网络用户的群体心理

微博源于美国，最早的微博类移动互联网业务是美国的 Twitter。2009 年 8 月，新浪推出“新浪微博”内测版，成为第一家提供微博服务的门户网站，并在日后的运营中成为中国大陆此类业务的佼佼者。对中国的移动互联网用户来说，现在只要说到微博，通常就是指新浪微博。新浪微博公布的年报显示，截至 2021 年 12 月，月活跃用户为 5.73 亿人，同比净增加约 5 200 万人，达到历史新高。

微博的内容包括文字、图片、音频和视频等，当用户发送一条微博之后，关注该用户的其他用户就可以看到并可以进行评论，还可以进行转发，进而扩散至更多的用户。这种传播形式与传统的电台广播有些类似，信息的传播范围取决于"听众"的多寡,而区别在于,微博"听众"可以进行再次传播,微博"听众"的连接范围和进行再次传播的行为进一步扩大了整个微博体系的覆盖范围。

在微博所构成的连接网络中,"关注"是将用户连接在一起的关键。与微信这样双方都知道对方身份的连接不同,微博的"关注"行为更多的是发生在陌生人之间,其依据的不是亲戚、朋友、事业伙伴这样需要以身份识别为前提的强连接,而是兴趣、信息共享这样的弱连接。微博的"关注"行为在多数情况下都没有门槛,既可以是双向的,也可以是单向的,例如,用户关注了某明星的微博,该明星却并未关注此用户,二者之间很难形成双向的互动,这也是由弱连接的特性决定的。

与朋友圈一样,微博同样具备自我呈现的功能,尤其对于娱乐明星这样受关注度高的用户来说,朋友圈是私人空间,而微博才是他们进行自我呈现的主要平台。但是对普通用户来说,他们在微博连接网络中处于边缘地带,受关注度较低,像自我呈现这样带有强烈个人色彩的连接和传播行为就显得没那么重要。微博用户最显著的行为和心理特点主要体现在信息传播的群体性特征上面,尤其是关注度较高的社会事件在短时间内就会呈现"一传十,十传百"的病毒式传播,整个过程具备"广泛性"的基本属性,反映了人类群体在接收和处理信息时极难避免的"盲目性",最终形成了微博网络的"集中性"结构。

广泛性指的是信息的传播广度。数量庞大的微博用户是广泛性的基础,但不是造成广泛性的本质原因。对比其他具备信息传递功能的社交网络,微博的内容普遍带有较强的公共性,主题偏向于更多人会关注的话题,即使是个人的衣食住行这类小事,通常也是因为发布者本身比较受关注才会引起别人的兴趣。就内容的公共性来说,微博与新闻客户端有相似之处,而不同之处在于,微博用户可以转发、评论,甚至可以成为内容的原创者,因而就在公共性的基础上增加了更多的个人色彩。海量用户群、公共性的话题、个人色彩三要素互相叠加,催生了信息在微博网络中传播的广泛性,同时由于微博简短和便捷,当信息进入微博网络之后将获得史无前例的传播广度和速度。更重要的是，对微博转发和评论的数据统计使得人们可以对一个话题的传播情况进行翔实的量化分析，这便是微博中的“热搜”，也就是微博运营方对一定时间内热门话题的汇总和排行，反映了微博用户整体关注度最高的话题分布。

对于任何一个微博话题，用户的态度通常是感兴趣、不感兴趣、反感、不确定。感兴趣和反感都容易理解，不感兴趣和不确定则需要进行区分。不感兴趣是指用户对于话题有着自己的认知，但并没有表现出相应的兴趣，无视话题的存在；而不确定则是因为用户对于话题的指向不了解，如各种令人费解的网络用语，用户暂时不能确定自己是否感兴趣。在通常情况下，微博用户会对自己感兴趣的话题给予更多的关注，对于不感兴趣或者反感的话题则不予理睬，而面对不确定的话题时，好奇心强、喜欢凑热闹的用户倾向于先了解话题的内容，再决定是否参与其中，而对未知事物缺乏兴趣的冷漠型用户则大概率会不予理睬，对他们来说，了解这些看标题不知所云的话题纯粹是浪费时间。

当一个话题登上热搜榜后，以上 4 种态度虽然仍会存在于用户群体之中，但对一部分用户来说，心理会产生不同的变化，并会对最终的行为产生巨大的影响。由于热搜榜是基于微博信息传播广泛性的汇总，用户会先入为主地认为“这是其他多数人正在讨论的事情”，话题的背后是其他很多人的观点和兴趣，在明确的外部舆论影响和隐秘的内在心理暗示的交互作用下，用户可能会不自觉地划定一个虚拟的社会群体，为了避免来自这个虚拟群体的心理压力，有的人就会或多或少地放弃自己的观点使自己的言论和行为与之保持一致，这就是从众心理。在这种心理的驱使下，用户不仅会对本来就感兴趣的话题倾注更大的热情，还会产生欲望去了解那些不确定的话题，甚至对不感兴趣或反感的话题也会去查看或传播，因为用户也许很好奇，为什么这样的话题会成为热搜。而这样的行为反过来又会进一步增加这些话题的热度。从动态的角度来看，微博与用户的联系是交互的，用户对于微博话题有自己的态度和行为方式，但由于广泛性特点所带来的从众心理，微博也会针对用户的内在驱动力进行培育和塑造，衍生出另一个特性——盲目性，最终导致很多微博用户迷失在微博话题的漩涡之中。

在微博的运营历史上有一个标志性的事件，即 2018 年 1 月针对热搜的全面整改。整改以前，在热搜中占据绝对多数的是与娱乐明星相关的私生活、花边新闻甚至丑闻。从社会学的角度来看，人们对于娱乐明星花边新闻之类的信息有一种天生的痴迷，这类信息像快餐食品一样，简单、易得、便捷、没有压力，却会产生较强的黏性，尤其在人群聚集的时候，其传播范围和力度有时会呈现几何级的增长，这是社会群体盲目性的一种典型特征，充分体现了 1956 年美国心理学家所罗门 · E. 阿希(Solomon E. Asch)在心理从众实验中对于个体在群体压力下出现知觉歪曲、判断歪曲和行为歪曲的总结。同时，微博用户的这种盲目性给了某些不法分子以可乘之机，他们试图利用这种盲目性攫取利益，于是产生了制造虚假新闻、炒作、"买热搜"等各种各样的违规违法行为，部分娱乐明星的运营公司还会购买大量无实际活动的虚假账号进行刷票和点赞，形成了数量远远超过合理范围的"僵尸粉"，甚至催生了完整的造假炒作产业链和"流量明星"这样的专有称谓。在这种不良风气的驱使下，微博的特点使其自然而然地成为滋生盲目性的温床，喜欢明星八卦的用户沉迷其中，不喜欢的用户也同样难以逃脱娱乐化、低俗化的媒体氛围，在诸如"明星丑闻""明星婚变""明星胖了/瘦了""××炫富""××隔空对骂"等几近无聊的话题持续狂轰滥炸之下，用户有限的时间和精力会被分流，对社会发展的认识也会偏离积极向上的轨道。

微博用户的盲目性滋生了违规违法行为，而违规违法行为又反过来进一步迷惑了用户，混淆了他们的认知，降低了他们的辨识度，进而扭曲了整个社会群体的关注重点和价值取向，导致了诸多乱象，不但浪费了大量的公众媒体资源，还对整个社会风气和道德标准产生了不良影响，与我国的精神文明建设背道而驰，引起了社会公众的不满。2018 年 1 月，在相关管理部门的监管下，微博运营方对热搜话题过度娱乐化的问题进行了整改，关闭了一些行为恶劣、多次践踏公众视觉和心理底线的营销大号，将热搜的主题集中在与社会发展密切相关的热点问题上，突出专业性和权威性，强调媒体在传播正能量和社会公益方面的作用。

这样的整改行动一方面净化了移动互联网的整体环境，为用户提供了一片清朗、有序的网络生活空间；另一方面也提高了用户的心理成熟度，使他们意识到网络空间与现实世界一样具有很强的复杂性，如果对于外界信息不加区分地全盘接受和跟随，就会陷入盲目性的陷阱，不但个体会有时间、金钱和生理上的损失，社会整体的进步也会受到影响。

与广泛性和盲目性相对应，微博的信息传播还有一个特点，就是集中性，也就是说各个微博用户的影响力是不均等的，整个微博网络呈现明显的精英化倾向，具有鲜明的头部效应。

经过官方认证的微博用户名称后面会有英语字母“V”的后缀，某些用户被称为“大 V”，意思是说这些用户获得个人认证，拥有众多粉丝，影响力巨大。在微博的体系中，“大 V”们处于金字塔的顶端，拥有的粉丝数量数以千万计，发布的每一条动态都拥有巨大的点赞量和转发量，其影响甚至可以扩大到实际的社会生活中。除“大 V”以外，是数量众多的普通用户，与现实世界的普通人一样，这类用户的影响力局限在一个很小的范围内，其所转发的内容不会引起过多的关注，并且很容易就会被其他信息淹没。所以，集中性指的是对微博用户影响力的描述，符合赢者通吃、大者恒大的聚集效应，与广泛存在于社会经济生活各个方面的“二八原则”保持一致。

微博用户的影响力来源于别人的关注/评论/引用，这其中又可以分为两个层次：某个用户被别人关注/评论/引用的次数越多，则他的影响力就越大；关注/评论/引用该用户的人影响力越大，则该用户的影响力就越大。在这种机制下，一个微博用户想要增加自己的影响力，成为所谓的“大 V”，就要想方设法获得更多人的关注，还要尽可能获得其他“大 V”的关注。在社会网络中，影响力通常与经济利益密切相关，微博“大 V”可以凭借自己在网络连接中的中心地位影响商品信息的传播范围和受众对象，实现巨大的商业利益。在利益的驱使下，极端的网络用户可能会漠视道德和法律的约束，通过编造假新闻、恶意炒作等违法违规行为来增加自己的影响力，给现实社会带来不良的影响。

微博用户从规模上来说是“广泛”的，用户个体在面对真假难辨的信息轰炸时所表现出来的心理动态和行为特征是“盲目”的，而在整个微博网络中，每个用户所占有的资源是不均衡的，话语权和影响力向极少量的头部用户“集中”。

法国社会心理学家古斯塔夫·勒庞(Gustave Le Bon)于1895年发表了他的著作《乌合之众》，描述了社会群体的情绪和行为特征，即冲动与多变、易受暗示与轻信、夸张与单纯、偏执与专横。相对于个体，群体在面对问题时判断力会显著下降，丧失原有的计划性和克制力，取而代之的是盲目冲动、从众、不负责任、夸张，并且会通过暗示、情绪感染而互相影响。勒庞在书中列举了很多与宗教、法律、政治相关的例子，既然社会群体在这些社会生活中最严肃、最需要深思熟虑的事件上都无法摆脱“乌合之众”的困境，那么在其他话题上，群体的行为将会更加混乱。

对照这样的描述，微博用户的行为与之非常吻合，说明虽然相比于100多年前人类社会已经发展到了新的阶段，但社会群体内在的心理驱动和外在的行为方式仍然保持了很强的稳定性，这种稳定性一直延续到了网络空间。当面对大范围传播并且具有公共敏感性的信息时，网络用户群体的行为通常会表现出盲目、混乱、易受干扰等特点，这让原本可以保持理性、能够独立思考、具有分析能力的个体的心理也受到相应的影响。这样的特点正是现实中人类社会群体心理动机和行为模式在网络世界的映射，而且这种映射是长期、稳定的。

第六节 视频社交：同步与异步

在微信、微博这样的传统社交网络中，视频和语音的使用频率虽然不断提高，但文字和图片仍然是主要的交流方式。而在视频社交软件中，用户之间的沟通则主要以视频的方式实现，进而衍生出了与传统社交软件完全不同的社交形态。视频社交主要包括两类——同步视频社交和异步视频社交。

在同步视频社交中，用户之间的交流和沟通是实时的，犹如视频电话一样。交流的方式可以是一对一，也可以是一对多或者多对多；用户之间的关系可以是熟人，也可以是陌生人。但通常来说，熟人之间的视频沟通多数情况下仍然属于传统社交的范畴，如微信的视频电话，而陌生人之间的视频沟通更具备通常意义上的"社交"属性，因此这里讨论的主要是陌生人之间的视频社交。从全球互联网市场的发展来看，同步视频社交软件虽然并不罕见，如 HOLLA、Houseparty、Tiki 等，但从用户规模和成熟度来看仍处于起步阶段，还没有一款类似于微信、微博这样的国民级应用出现。

在异步视频社交中，用户之间的沟通和交流可以是实时的，也可以是延时的，但主要以延时的为主。用户发布视频动态，其他用户进行评论或者转发，运行模式与微信朋友圈或微博类似，区别在于其发布的是视频，具备了更丰富的表现形式和差异化的互动关注点。目前，异步视频社交已经是非常成熟的社交应用，抖音、快手之类的短视频 App 是其中的典型代表。当然，抖音、快手等短视频 App 的功能非常丰富，除了社交以外，还具备极为强大的资讯、娱乐、购物等功能，本节着重强调它们的社交功能。

之所以把"同步"和"异步"作为主要标签，是因为是否处于同一个时间维度对于视频交流双方的行为和心理具有决定性的影响。在同步视频社交中，同时在线的用户能够实时获取对方通过外表、语言、神态、动作表现出来的个人特质，整个沟通过程直接、便捷、迅速，留给双方思考的时间极为有限，社交信号可以得到实时回应。在异步视频社交中，用户不一定同时在线，因此也就不必实时回应，展示的内容可以经过精心修饰和后期制作，整体形态与朋友圈的自我呈现更加接近。

同步视频社交的一般模式是用户根据系统的匹配进行面对面的线上交流，交流时间有一定限制，通常都非常短（如一分钟），其间双方可以随时停止交流，转而寻找其他用户，也可以延长交流时间，还可以通过点赞的方式给对方鼓励。对参与同步视频社交的陌生人来说，一分钟的交流时间已经足以形成关于对方的初步印象。如果交流的时间得到延长，则说明双方的沟通效果不错，彼此之间的初步印象是正面的。如果交流的时间没有被延长或者交流直接被终止，则说明至少其中一方没有继续交流的意愿。

用户在同步视频交流的过程中是完全沉浸其中的，大部分的注意力都聚焦在视频对象的相貌和谈吐上，没有空间和时间去做其他的事情，所以他们必须在有限的交流时间内做出自己的选择，要么继续交流，要么拒绝对方，或者被对方拒绝，前两种状态是主动行为，第三种状态则是被动行为。对大多数人来说，被对方拒绝是一种刺激，尤其是在自己愿意继续交流的情况下，自己的魅力并没有打动对方。每个人对于这种刺激带来的尴尬和心理压力的承受能力都不同，过于在意别人的看法、特别敏感的用户也许会因此感到沮丧和不适，而那些大大咧咧、有着足够自信或者已经充分适应这种局面的用户则能够坦然接受。通常来说，具有出众外貌的用户会有更多的主动权，在视频社交的舞台上，出众的外貌是一种优势。

为了缓解同步视频交流带来的尴尬，也为了增加交流的戏剧性和吸引力，同步视频社交软件通常都会为用户提供修饰功能，用户可以借助于系统自带的工具对自己的形象进行一定程度的修饰，例如，戴一个虚拟的小面具，改变画面的色调和对比度，调整说话的声音等。修饰功能有助于提高软件的友好度，尤其有利于挽留那些心理承受能力相对较弱、对自己的形象没有足够自信的用户。另外，在交流初始阶段选择什么样的方式进行“破冰”，在交流结束之后通过什么样的方式维持双方的联系，这都是同步视频社交用户面临的难题，这些特点与现实世界中陌生人之间的沟通和交往基本一致。所以，倾向于同步视频社交的用户多数是外向、自信、善于沟通的年轻用户，而内向、沉默寡言的用户即使对同步视频社交心存好奇，通常也会因为与整个社交环境格格不入而望而却步。从这个角度来说，相比于其他的社交方式，同步视频社交对用户来说具有鲜明的性格色彩。

需要注意的是，同步视频社交中陌生人实时视频交流的运作方式给监管带来了难度，不法用户可能会利用这样一个平台传递不良信息，使其成为滋生社会丑恶现象的温床，对于网络用户尤其是未成年人来说存在极大的风险，这也是同步视频社交应用一直无法获得大规模应用的重要原因之一。

相比于在同步视频社交中体会到的压力和尴尬，用户在异步视频社交中要轻松自如得多。以最普遍的视频社交形式——短视频为例，用户可以自由选择自己偏好的内容，还可以选择完全沉浸其中或只在碎片时间看两眼，同时可以通过评论、转发、点赞、打赏等多种方式自由决定互动的频度和深度，在消遣娱乐中完成了社交的过程。更进一步，用户对短视频内容产生了浓厚的兴趣，他们不再满足于做一个旁观者，而是学着别人的样子去拍摄短视频，甚至进行更加专业、更加夸张、更加复杂的再创作和再加工，并将其传播到更大的范围。最容易引起用户模仿欲望的是与现实生活密切相关的题材，如厨艺、健身、舞蹈、手工制作等，因为这些题材更容易引起共鸣，同时又易于实施，门槛较低。这样一来，用户潜在的表演欲望和模仿欲望得到满足，如果能够得到别人的回应和赞美，甚至建立起属于自己的“粉丝”群体，则会产生强烈的成就感和满足感，此外还可能会有附加的经济方面的收益，这些因素都会推动用户继续在短视频社交中进行更多的投入。

短视频社交能够达到以上的这些效果得益于“异步”的交互特点，用户可以有足够的时间设计、制作、修饰自己的短视频作品，从而传递比抽象的文字和定格的照片更加丰富、更具感染力的信息。他们关注的是“某件事”而不是那个发布短视频的“某个人”，这就给了双方更大的自由空间。

对于大多数短视频用户来说，他们所发布内容的传播范围通常都局限在自己的熟人网络中，彼此知根知底，评论和点赞这样的互动使得短视频更像一个动态的朋友圈，其影响很难实现多层次、大范围的扩展，也正是由于这个原因，短视频才能显现出较强的社交色彩。如果短视频用户发布的内容传播面极广，形成了近似于微博的广播效果，实现了数目巨大的陌生人连接，那么短视频就失去了社交功能，其娱乐功能、资讯功能和经济功能便会占据主导地位。

总体来看，无论是同步视频社交还是异步视频社交，用户之间的连接更多的是基于用户的兴趣，而不是传统社交网络所依赖的社会关系，对用户来说，视频社交最重要的是娱乐功能而非社交功能，虽然由此产生了可观的经济效益和深远的社会影响，但在社交网络最基本的功能——快捷地传递信息以及由此带来的社会沟通成本的降低和生活的便捷化等方面，视频社交软件丰富的功能和复杂的形式却显得有些多余。因此，熟人之间想要传递某个日常基本信息的时候，仍倾向于使用微信、电话甚至短信，而很少会选择视频社交。

第三章

网络购物

第一节　信任问题

在绵延数千年的人类社会商业历史中，购物可以说是最基本、最重要的商业活动，卖方展示出卖的商品并给出报价，买方查验商品并与卖方讨价还价，最后一手交钱一手交货完成交易，这样的购物形式几乎从未改变。网络购物同样如此，只不过卖方展示货物和买方查验货物的地点搬到了互联网上，并且增加了信用体系、支付系统、安全系统这样的辅助要素。

其实，在网络购物兴起以前，其他借助于现代媒介的购物活动已经非常成熟，最典型的就是电视购物，固定的实体店铺不再是卖方展示商品的必备因素，观众们通过电视屏幕获得商品信息，并通过电话等方式下单购买，再经由现代物流系统拿到商品。与传统的电视广告相比，电视购物展示时间更长，展示形式更灵活丰富，还可以加入主持人的示范和鼓动，营销效果具有更高的精准性。电视购物最早起源于美国，1982 年世界第一家电视购物公司 HSN(Home Shopping Network)在美国佛罗里达州诞生，之后席卷全美，并扩展到欧洲、日本等地。相比之下，中国大陆的电视购物起步较晚，广东珠江频道于 1992 年播出了中国大陆第一个购物节目，1996 年第一个专业的购物频道在北京电视台开播，整个行业在 21 世纪的第一个 10 年里快速发展。

再向上追溯，邮寄购物同样是买卖双方不直接接触、借助于某种媒介来进行交易，最典型的是图书销售。出版商、杂志社、报社经常会给读者邮寄各种宣传材料(包括详细的内容介绍、特点描述、外部评价、推荐理由等)，用尽所有的手段激起读者购买的欲望，培养读者购买的习惯。曾经红极一时的贝塔斯曼书友会就非常善于利用这种方式进行营销，他们在邮寄给读者的书中都会附赠其他新书的彩页广告，这些广告通常都经过精心设计，印刷精美，极具吸引力。读者在收到期盼已久的包裹之后会特别珍视里面的每一件物品，不但不会随手丢弃附赠的广告，还会仔细浏览其中的信息，甚至可能会向身边的朋友进行推介，这样一来，不但老读者可能会继续购买，还能持续发掘新的潜在用户。贝塔斯曼的邮寄销售虽然在效率上无法与现在的网络购物相比，但能够准确把握"慢购物"消费场景下客户的期待心理，依靠精心设计的广告调动读者的购买欲望，还能够借助于客户的人际关系进行传播，给整个购物行为增加了社交属性，从这样的过程来看，邮寄购物与网络购物有几分相似之处。

无论是电视购物还是广告彩页营销，在其诞生后的几十年时间里一直都无法成为购物活动的主流，消费者还是倾向于在各种商场、超市、连锁店里购物，用真金白银换回实实在在的商品。造成这种局面的原因有很多，从心理因素的角度来说，相比于传统购物模式，电视购物和广告彩页营销中都存在买卖双方在"空间"和"时间"上的割裂。"空间"上的割裂是指消费者并没有接触到商品实物，只能借助于电视、电话、纸质宣传材料等媒介获取商品信息来决定是否购买，这与"眼见为实"的固有观念相抵触；"时间"上的割裂是指消费者决定购买之后通常要先付款，但收货是延后的，最终的购买完成要借助于物流体系和远程金融体系来实现，即使有"无条件退款"这样的保障措施，实施起来通常也带有极大的不确定性，这在无形中增加了消费者的心理负担。在通常的消费场景下，消费者对于任何商品都会充满本能的怀疑，"空间"和"时间"上的割裂加剧了他们潜意识里对于不确定性的担忧和排斥，严重影响了买卖双方之间信任机制的建立，也就破坏了买卖活动的基础。

网络购物中的信任问题更加复杂，网络购物平台无法像大型的商场、超市那样凭借可靠的进货渠道和完善的售后保障来获得消费者的信任，也无法像分布于社区之中的小型便利店那样通过对邻里街坊这个相对固定群体的服务来建立基于人际关系的信任，更无法像电视购物和邮寄购物那样获得电视台、报纸杂志和邮政系统的信用背书。尤其是在起步阶段，互联网的整体发展模式比较粗放，监管责任不明确，治理依据不健全，治理手段不丰富，网络购物平台盈利模式不清晰，法治意识淡薄，风险控制能力有限。在这种情况下，网络购物中的欺诈现象屡见不鲜，这让本来就因为没有看到实物而心存疑虑的消费者对网络购物更加望而却步。

如今，有赖于宏观监管力度的加强、社会信用体系的建立和完善、网络购物平台的发展和成熟、网络用户消费习惯的培育等各个因素的综合作用，网络购物信任问题已经基本得到解决，网络购物用户虽然仍会面临线上购物难以避免的商品质量和退换货难题，但这样的问题在他们的意识中已经不再是网络购物活动的主要矛盾，他们会认为这些问题是某个具体商家的问题，而不是整个网络购物活动的问题。在消费者普遍已经比较信任网络购物平台的今天，再回过头站在消费者的角度去看培育网络购物信任氛围的过程，有一点是尤其值得关注的，那就是针对商品的用户评论机制。

用户评论机制的运作很简单，消费者在网购商品之后，可以从商品的质量、使用效果、物流配送、售后服务、整体体验等多个维度进行评论，其他消费者可以看到评论并将其作为决策的参考。用户评论的方式多种多样，既可以采用打分制进行定量评论，也可以采用文字进行定性描述，还可以添加图片、视频使评论的内容更具说服力，表现形式更生动。

今天看来，用户评论是再正常不过的事情，但在网络购物发展之初，用户评论机制对于解决信任问题起到了至关重要的作用。通过用户评论，消费者选择商品的视角从局限于商家宣传的一维扩展到了兼顾用户视角的二维，消费者可以在购买商品之前进行更全面的比选，降低了网络购物的风险。而且由于互联网在传递信息方面的便捷性和交互性，用户拿到网购的商品之后就可以立刻进行评论并同步地传递给其他用户，这是电视购物和邮寄购物无法做到的。相比于电视台和邮政系统的信用背书，进行比选的网购用户更加看重来自其他用户的第一手消费经验，这是一种来自“同一阵营”的信任。

美国学者弗朗西斯·福山（Francis Fukuyama）在他的著作《信任：社会美德与创造经济繁荣》中指出：“最有用的社会资本，往往不是在某一传统共同体或群体的权威之下进行运作的能力，而是创造新的联盟以及在新创立的共识条款之下展开合作的能力。”正是由于互联网的连接功能，消费者们找到了购买同一件商品的彼此，形成了电视购物情景下无法形成的联盟，并通过用户评论的方式开展合作，将现实社会网络中的“口碑”成功移植到了互联网世界，极大地推动了网络购物信任问题的解决。从这个意义上来说，互联网的连接功能正是弗朗西斯·福山所指的“最有用的社会资本”。

在解决了极其重要的信任问题之后，再辅以物流、金融等行业的推动，网络购物实现了飞速的发展。CNNIC 发布的第 49 次《中国互联网络发展状况统计报告》显示，截至 2021 年 12 月，我国网络购物用户规模达 8.42 亿人，在所有网络用户中的占比达到 81.6%。2021 年全年网上零售额交易规模达 13.1 万亿元，同比增长 14.1%，其中实物商品网上零售额占社会消费品零售总额的比重达到 24.5%。从消费群体的年龄分布看，1980—1995 年出生的互联网中生代使用网络购物的比例高达 93%，而 41.9%的 95 后网购消费额占日常消费额的三成以上，显示出巨大的网络购物消费潜力。与之相对应的是，截至 2021 年年底，网络支付用户规模达到 9.04 亿人，全国“快递进村”比例超过 80%，网络购物的运营模式、覆盖范围、商品种类、服务能力都达到了全球领先水平，成为数字经济发展新业态的典型代表。

更重要的是，网络购物从一种新兴事物变成了社会生活的常态，人们在心理上已经将其看作一件自然而然的事。网络购物用户群体的扩大、平台运营水平的提升以及群体心理上的认同和习以为常，这些因素叠加在一起使得购物行为产生了分化，传统线下购物的空间被大大压缩，超市和零售店在很大程度上转向了应急性的购物，而大型商场和购物中心的购物功能也变得更加多元和丰富，整体的运营方式向着娱乐、亲子、社交、潮流综合体的方向发展。网络用户将越来越多的购物行为由线下转到线上，按照购物场景的不同，可以将网络购物行为划分为两类：计划内购物和计划外购物。

第二节 计划内购物

计划内购物是指用户带着明确的消费需求和计划进行网络购物。例如,家中的日常用品即将用完,用户在网上下单,等待快递员送货上门;"双十一"购物节临近,很多用户都会提前做好准备,列出长长的购物清单,在"双十一"当天下单以获取最大限度的优惠。计划外购物是指用户的需求不明确,或者压根就没有需求,但却被商品的某个卖点吸引,在事先没有计划的情况下进行网络购物。例如,用户把浏览购物网站当作一种娱乐和消遣,即使并不想买东西也会看一看,在这个过程中就会产生临时起意的购物行为;或者在观看某个带货主播的直播时,临时决定网购商品。

计划内购物是最常见的消费行为,网络用户在购买之前对所购商品的种类、品牌、数量价格有一个初步的打算,然后以理性的心态按部就班地进行购买,冲动型的非理性消费很少出现,其行为与去商场、超市、集市等传统的线下购物方式并无二致,都是从自身需求的角度出发追求支出与收益的平衡。在此类购物行为中,网络用户的思维方式和认知水平会受到所处社会环境的影响,其行为模式会随着社会的发展而不断演化,产生一系列新型的消费群体,下沉市场便是其中的典型。

下沉市场的划分源于社会经济发展的不平衡。下沉市场通常指的是中小城市、县城、乡镇和农村的消费市场,与中心城市的消费群体相比,下沉市场的消费群体收入水平相对较低,消费能力相对较弱,但人口基数更大,现阶段占我国总人口的70%左右,特别是00后这样的年轻群体所占比例较大。随着我国新型信息基础设施建设的大力推进,即使是偏远山村也已经被纳入互联网的覆盖范围,下沉市场的消费者自然而然地参与到网络购物之中,尤其是当前中心城市的消费能力趋于饱和,各大电商平台都把业务发展的重点瞄准了下沉市场,甚至可以说"下沉市场"这个名词就是伴随着各大电商平台服务对象范围的扩大而产生的。

下沉市场对于电商平台的重要性首先体现在用户规模上。申万宏源的研究数据显示，2020 年第一季度，我国移动互联网活跃用户增长约1 747万人，其中一、二线城市的活跃用户减少 714 万人，三线城市及以下的活跃用户增长 2 461 万人，传统概念上的互联网边缘地区已经成为新增网络用户的主要来源，相应地，2019 年“双十一”期间，头部电商平台超过 60%的新增用户来自下沉市场。此外，我国城镇化率逐步提高，下沉市场的消费需求逐渐得到释放，商务部、国家发展改革委、财政部等社会管理主体都出台了一系列政策支持农村电子商务的发展，从资金、基础设施、培训辅导、风险保障等方面给予大力支持。这些因素都进一步强化了下沉市场对于电商平台的重要意义。

在这种情况下，阿里巴巴、京东、拼多多、苏宁等头部电商平台均把下沉市场作为自己的重要战略引擎，线上引流和线下渠道一起发力，积极进行市场渗透和拓展。以阿里巴巴为例，其在 2014 年就启动了村淘战略，截至 2019 年已经在全国建立了超过 3 万个站点。阿里巴巴 2019 年的财报显示，淘宝、天猫在过去的财年新增超过 1 亿用户，为品牌和商家带来超过 9 000 亿增量生意，其中 77%来自下沉市场。

相比于中心城市的网购用户，下沉市场的网购用户群体在生活中有着更多的可支配时间，熟人之间的联系更加密切，最重要的是，他们的消费能力虽然相对较低，但消费欲望却相对较高。

对任何消费者来说，消费能力和消费欲望是进行购物活动必然要面对的因素，消费能力是限制条件，消费欲望是推动条件，消费行为就是在二者的相互制约和适配下形成的。下沉市场的用户收入绝对值相对较低，但支出占比却较高，消费能力与消费欲望之间存在较大的反差。表 3-1 所示是 2017—2019 年我国城镇和农村居民的人均可支配收入与人均消费支出情况。从表 3-1 可以看出，城镇居民的人均消费支出占人均可支配收入的比例逐年下降，而农村居民则逐年上升。农村居民正是下沉市场的主要构成部分，这样的统计数据说明，尽管收入水平低于中心城市用户，但下沉市场用户会因为主动或者被动的各种原因而更敢于花钱。

表 3-1　2017—2019 年我国城镇和农村居民的人均可支配收入与人均消费支出情况

年份	城镇居民			农村居民		
	人均可支配收入	人均消费支出	支出/收入	人均可支配收入	人均消费支出	支出/收入
2017 年	36 396 元	24 445 元	67.20%	13 432 元	10 955 元	81.60%
2018 年	39 251 元	26 112 元	66.50%	14 617 元	12 124 元	82.90%
2019 年	42 359 元	28 063 元	66.30%	16 021 元	13 328 元	83.20%

下沉市场用户花的钱去了哪里？表 3-2 是 2015—2019 年我国城镇和农村居民恩格尔系数统计情况，城镇居民和农村居民的恩格尔系数都呈下降趋势，说明人们用来购买食物的支出占总支出的比例越来越小，整体生活水平逐年提高。比较而言，在社会发展所带来的消费环境的改善和互联网（尤其是移动互联网）改变城乡之间信息不对称的局面所引起的消费心理变化的影响之下，农村居民恩格尔系数下降幅度更大，农村居民更倾向于把钱用于医疗保健、教育文化娱乐、交通通信、生活服务等方面，反映了下沉市场用户渴望提高生活质量的消费欲望。

表 3-2　2015—2019 年我国城镇和农村居民恩格尔系数统计情况

年份	城镇居民恩格尔系数	农村居民恩格尔系数	城镇居民恩格尔系数变化情况	农村居民恩格尔系数变化情况
2015 年	29.7	33.0	－0.3	－0.5
2016 年	29.3	32.2	－0.4	－0.8
2017 年	28.6	31.2	－0.7	－1.0
2018 年	27.7	30.1	－0.9	－1.1
2019 年	27.6	30.0	－0.1	－0.1

消费环境指的是除消费者自身条件以外、与消费行为密切相关的所有因素的集合，既包括物流、金融、消费场景、商品供给等有形的因素，也包括政策、舆论等无形的因素。随着社会的整体发展，下沉市场消费环境的改善是显而易见的，即使不进行数据分析，仅从消费者直观的感受来说，乡镇农村地区的电力、道路、互联网等基础设施日趋完善，物流网络覆盖的范围越来越广，金融服务能力越来越强，移动支付越来越普及，大型商场、街头小店

等不同类型的购物场所可以满足不同层次的消费需求，以前只能在中心城市见到的商品品牌也越来越多地出现在乡镇农村地区。同时，我国也出台了类似于“家电下乡”“汽车下乡”这样的宏观政策，并通过加大宣传力度、强化舆论引导，积极提高乡镇农村地区的消费水平。

消费环境的改善是下沉市场快速发展的外部因素，而内部因素则是消费心理的变化，这在很大程度上得益于互联网提高了乡镇农村地区对信息的获得、应用以及创新的能力，在一定程度上减轻了历史原因导致的城乡信息不对称问题。

自古以来，相比于人口聚集的中心城市，偏远地区的环境更加闭塞，信息种类少、规模小，传播速度慢，传播范围窄，这直接影响了当地消费者的心理。他们通常满足于较低的消费水平，彼此之间的比较、影响等行为也仅限于当前的消费水平之内，来自中心城市的消费信息非常有限，很难对整个社会群体的消费心理产生本质的触动。正如鲁迅先生在《阿 Q 正传》中所写的，生活在未庄的人们世世代代都固守着几乎一成不变的生活方式，所能想象的最高级的生活方式无非就是赵老太爷等几个当地豪绅的做派，阿 Q 进城之后才发现城里的油煎大头鱼加的是更加精致的切细的葱丝，而不是未庄人惯常的半寸长葱叶，并且连小孩都会打麻将，这样的生活方式对他的心理是一种触动，也使他有了向身边的朋友炫耀的资本，但这些信息并不能改变未庄人传统的生活方式，充其量只是茶余饭后的谈资。

科技的进步带来了更先进的信息传播手段，广播、电报、电话、电视使偏远地区的人们不用进城就可以获得更丰富的信息，从而拉近了城乡之间的距离，并且在一定程度上改变了人们的消费心理，只不过这种改变还不够彻底。电报、电话的使用频率低，信息承载形式单一，使用时用户还要顾及费用的问题，很多人都对电报按字数收费的模式印象深刻，同时也对固定电话刚刚走进家庭时昂贵的通话费用记忆犹新，这些限制条件决定了电报和电话只能起到传递生活必需信息的作用，而无法对人们在行为和心理上产生颠覆性的影响。相比之下，广播和电视的使用频率更高，信息承载形式更丰富，可以产生巨大的影响力。从 20 世纪 80 年代开始，电视在我国得到普及，偏远地区的人们可以通过广播和电视了解了外面的世界，消费心理也渐渐地向中心城市看齐。但广播和电视的缺点在于交互性差，用户只能被动地接收信息，而不能对信息进行存储、二次传播和创新，这就限制了它们进一步塑造用户心理的能力。

互联网完美地解决了交互性的问题，移动互联网把人们从固定的空间和时间中解放了出来，使其可以随时随地地接收、利用和创造各种形态的信息，这意味着偏远地区的人们已经改变了其在信息传播中所处的弱势地位，他们不仅可以获得广播电视模式的灌输信息，还可以积极地寻找自己感兴趣的信息。信息获取的方式由被动变为主动是认知能力的巨大进步，进一步激发了偏远地区的人们对于美好生活的向往。这样的心理映射在消费上，意味着下沉市场的消费者在心理上逐渐与中心城市的消费者接近，在可支配收入逐步增加的情况下，他们怀着“补偿”的心态用实际的消费行动推动整个下沉市场快速发展。山寨商品的发展轨迹充分体现了这种转变。

所谓的山寨商品，是指本身品质较低却在名称和外观上模仿同类型知名品牌的商品，通常与低廉的价格、混淆视听的宣传、滥竽充数的销售方式相伴而生，代表了一种监管水平不高、粗放式发展的商品产销模式，甚至会带有几分黑色幽默的色彩。山寨商品最大的生存空间就是下沉市场，反映的正是收入水平相对较低的消费者追求面子却又讲究实惠的消费心理，这样的心理源于消费能力与消费欲望之间的反差。

但是，山寨商品正在逐渐失去它们赖以生存的土壤，不仅是因为监管力度的增大使得市场秩序越来越规范，更重要的是，新一代的下沉市场消费者群体（也就是通常所说的“小镇青年”）逐渐成为当地社会的主流，他们经过了互联网的洗礼，对直播、短视频等信息传播方式了如指掌。如果说广播、电视是上一代人了解世界的窗口，那么互联网就是这一代小镇青年生存的舞台，在这个舞台上，没有地域和阶层的限制，下沉市场用户与中心城市用户的思维方式、价值观基本一致，他们重视自我，强调个性，这与山寨商品打擦边球、搭顺风车的理念格格不入。于是，小镇青年会坚定地购买正牌商品，即使消费能力不足，也会退而求其次选择其他档次的替代品，对山寨商品嗤之以鼻，因为在他们生活的圈子里，大家的认知水平都差不多，购买山寨商品从“追求面子”变成了“很没面子”。

更重要的是，小镇青年的这种消费观念会影响其他人。以某个以“山寨”豪车外形著称的汽车品牌为例，尽管产品本身技术水平不高、问题多多，却在发展初期凭借低廉的价格、出众的外形成功赢得了看中“面子”的下沉市场消费者的青睐。但随着时代的发展，这种发展模式在如今的下沉市场消费者面前已经失灵了，原因是多方面的，小镇青年消费心理的变化是其中的一个重要因素。

下沉市场中买车的是什么人？以小镇青年为核心，包括他们的兄弟姐妹、父母叔伯等，形成了一个强连接构成的网络。在社会关系密切、人际互动频繁的下沉市场，买车这样的大事自然要咨询大家的意见，虽然可以去汽车网站查询相关的资讯，还可以去 4S 店实地考察，但这其中还有一种炫耀或者自我实现的心理需求，因此一定要让身边的人知道这件事。在这个过程中，已经通过手机对各种豪车了如指掌的小镇青年们会提出建议，一定不能买山寨车，他们的理由是，“城里人”看不起这样的车，这样的车开出去丢人。买奔驰、宝马还是买五菱宏光是由经济实力决定的，而买正牌车还是买山寨车则是由“品位”决定的。买车的人通常看中实惠、有面子，实惠依然是指价格便宜、皮实，但是对于有面子的认知却在小镇青年的影响下发生了变化，早期的消费者买山寨汽车正是因为看中了它与豪车十分相似的“面子”，如今，消费心理的变化决定了这种“相似”不再有“面子”，甚至变成了“丢面子”，于是山寨汽车的生存空间被压缩了。与山寨汽车类似，其他的山寨商品也面临着这样的命运，以往逢年过节经常出现的各种山寨礼品如今也越来越踪迹难寻，正规厂家生产的正牌商品已经成为主流。

在下沉市场的发展历程中，消费者的消费心理经历了“羡慕—模仿—看齐”的发展过程。当他们刚刚通过有限的渠道接触到外部的消费信息时，虽然觉得新奇和羡慕，但受限于自身的消费能力和观念，消费行为并不会有太大的改变，就好像《阿 Q 正传》里的未庄村民那样依旧坚守着自己的生活方式。后来羡慕转化为行动，下沉市场的消费者开始进行模仿性的消费，但消费能力仍然是个问题，于是山寨产品大量出现，满足了这个阶段的消费需求。如今城乡之间的信息不对称现象已经不再明显，下沉市场消费者的观念在外界环境的塑造和内部社会关系的影响之下进入了新的阶段，他们努力向中心城市里的消费者看齐，在经济条件允许的情况下表现出更强的消费倾向。在这样的演进过程中，互联网是不可或缺的角色，甚至可以说是互联网造就了如今的下沉市场。

对于网络购物群体的划分可以有多种维度，下沉市场就是基于空间维度进行划分的结果。如果按照时间维度来划分，也可以把网络购物用户划分为不同的群体，尤其是在一些特定的时间节点，如春节、中秋节等传统节日，或者“双十一”“618”这样的网络购物节，网络用户的行为和心理都会有不一样的变化。

传统节日历来是购物消费的旺季，消费者们除了会购买数量更多、质量更高、价格更贵的日常消费品，还会购买具有鲜明节日特色的商品，如春节的对联、福字、窗花，中秋的月饼，端午的粽子等。这样的消费行为是消费者在从众心理驱动下对传统节日所承载的文化内涵进行具象化的过程。

我国学者乐国安主编的《社会心理学》(第 2 版)对从众心理的定义是，个人受到外界人群行为的影响而在自己的知觉、判断、认识上表现出符合公众舆论或多数人的行为方式。从众心理非常普遍，几乎是每个人都经历过的心理体验，在消费购物领域也有显著的体现。每当传统节日到来，消费者们即使对节日本身的含义不了解或者不感兴趣，但在其他人的影响下还是会产生特定的购物行为，从而获得自我意识中的社会认同感和归属感，通常所说的“凑热闹”就是这种情况。例如，到不同民族聚居地去旅游的外地游客如果恰巧遇到当地的传统节日，尽管跟自己固有的生活习惯并不相符，通常也会被节日的气氛感染而投入其中，或许还会买一些具有节日特色的纪念品。这样的行为使他们觉得自己融入了周围的人群中，是从众心理的外在表现。而对于符合自己固有生活习惯的节日来说，消费者的购物行为会更加自然，这既是受从众心理影响的结果，也是一种实现节日具象化的行为方式。

对某种虚拟事物的具象化是指人们在特定环境下通过完成一些具有特定意义的行为，来寄托某种情感，并产生某种心理印记。具象化的行为可以很宏观，例如，学校的老师、学生有组织地聚集在一起举行开学典礼，升旗、讲话、宣誓等一系列活动会让参与者明确地意识到，假期已经结束，新的学期已经开始，接下来要全身心地投入学习中去。具象化的行为也可以很微观，例如，在整理完房间之后，有的人会习惯性地喷一点空气清新剂，以这样的行为来给本次的整理活动画上句号，这会给他带来心理上的愉悦。

节日是一种人为设定的虚拟时间节点，此时具象化的标记随处可见，甚至可以说所谓的节日就是由各种具象化的行为组成的，到了特定的时间去做特定的事就是过节的具体表现。中国人最看重春节，每年临近岁末，当春运、回家、红灯笼、喜庆歌曲这些鲜明的春节符号出现在大街小巷的时候，每个人都能感受到浓浓的春节氛围，也就是人们所说的“年味”。在这种氛围的感染下，购物行为的产生几乎是必然的，就算是独自在外过年的人，通常也会买一张福字贴在住所的门口，在除夕夜为自己准备一顿丰盛的年夜饭，给远方的亲戚朋友拜个年，这些行为都是过年这个虚拟概念的具象化表现，可以让人们对辞旧迎新有一个明确的概念。

从众心理和具象化的行为既广泛存在于现实生活之中，也会延伸到网络世界中。各大网络购物平台凭借对用户心理的精准研究和把握，在春节、中秋节这样的传统节日之外又打造了“双十一”“618”这样的网络购物节。“双十一”购物节源于阿里巴巴旗下天猫平台在2009年11月11日举办的网络促销活动，之后每年的11月11日都会举行，各大购物平台也都参与其中，成交额持续上涨，2021年天猫全天成交额达到5 403亿元，比上一年的“双十一”增长8.5%，京东的成交额达到3 491亿元，增速高达28.6%。“618”则是京东商城在每年6月举行的促销活动，通常从6月初开始，到6月18日结束。2021年京东在“618全球年中购物节”中累计下单金额达到3 056亿元，比上一年增长16.1%。“双十一”和“618”期间，除了天猫和京东，其他各大购物平台也都积极参与，通过各种媒体和宣传手段全力造势引流，形成了整个网络世界的购物狂欢，引发了一股购物和消费的热潮。在网络购物节期间，身处其中的网络用户能感受到丝毫不逊色于传统节日的热烈氛围，从众心理和具象化行为的产生在所难免。

多数网络用户都有这样的亲身体会，当“双十一”或者“618”临近的时候，各大购物平台在各种渠道投放高密度的广告，营造了一种节日将至的社会氛围；亲戚朋友之间闲聊的话题也会更多地提到需要购买的商品，彼此分享购物的心得和体验，也许还夹杂着模仿和攀比。在这样的外部环境影响下，消费者就会觉得加入网络购物活动不但很自然，而且很有必要，因为别人都在买，自己不买的话就显得不合群，更何况既可以买到便宜实惠的商品，又可以通过清空购物车、连续接收快递、大包小包堆在一起等一系列具有鲜明特色的符号来为这样一个特殊的日子留下印记。除此之外，当网络购物行为与社交网络相结合时，网络用户的心理就会产生更复杂的变化，衍生出更高级的自我满足感。每当网络购物节来临的时候，朋友圈或者微博上分享购物成果的内容会大量增加，这种基于购物行为的社交活动既是网络用户自我展现的行为方式，又是现代人在面对生活压力时的一种情感宣泄。

在从众心理、具象化、社交需求、情感宣泄等多种因素的综合作用之下，消费者身上会体现出“狄德罗效应”。“狄德罗效应”是一种常见的心理现象，由 18 世纪的法国哲学家丹尼斯·狄德罗（Denis Diderot）发现，指的是人们在得到某些渴望已久的东西之后，并不会因此而满足，反而会变本加厉地想获得更多。消费者在经过精心准备、精确行动之后完成了在网络购物节期间的购物活动，尽管已经身心疲惫，但还会存在“机会难得”“错过要再等一年”“还有很多又便宜又好的东西没有买到”这样的念头，再加上购物平台不遗余力的宣传攻势，很可能又会继续购物，哪怕这些商品并不是必需的，仅仅是因为其满足了消费者内心的某种购物欲望。

总结起来，有计划的购物是消费者追求利益最大化的必然结果，也是最普遍的购物行为，并且随着国民经济的发展和转型衍生出更多的新形态。如上文所述，互联网的发展弥合了城乡之间的信息鸿沟，催生了下沉市场这样的新兴社会群体，也成为网络购物平台和网络购物节诞生、兴盛的土壤。

第三节　计划外购物

除了计划内购物，还有一种类型的购物行为也很常见，那就是计划外购物，基于“狄德罗效应”的额外购买行为就是计划外购物的一种，但在更多的情况下，“娱乐”才是计划外购物的直接诱因。

提到计划外购物，首先来看一下传统的商场。去商场干什么？人们首先想到的可能是“购物”，再就是“逛逛”，或者说“消遣”，也就是“娱乐”。购物和娱乐正是商场最主要的两个功能。从传统的百货大楼到舶来品的连锁超市，再到万达广场、万象城这样的商业综合体，“商场”的经营模式和外部形态不断演变，其内在的驱动因素正是顾客的消费心理和消费行为发生转变之后购物和娱乐二元功能的迁移和转化。

在网络购物兴起以前，对于商场来说，购物的重要性要大于娱乐。在市场物资相对匮乏的年代，国营百货大楼是人们购物的首选场所，即使需要忍受拥挤的购物环境、态度恶劣的销售人员和低下的服务效率，人们也别无选择，只因为百货大楼在商品种类方面有绝对的优势。在这种情况下，百货大楼就是用来购物的，娱乐的要素极度稀缺。到了市场物资丰富的年代，整个社会的商业环境有了长足的进步，连锁超市开始兴起，一体化、综合性的服务模式将购物的功能发挥到了极致，而百货大楼变成了商场，在商品品类、档次和服务方式上与连锁超市形成互补，还增加了亲子、生活服务、餐饮、影院、卡拉OK等元素。也就是在这种情况下，以往恶劣的购物环境得到了彻底的改变，商场的服务水平实现了质的飞跃，顾客变成了“上帝”，购物过程中的娱乐要素大大增加，越来越多的人即使没有明确的购物需求也愿意到商场去逛逛，商场的娱乐功能得到了越来越多的展现。

网络购物最初的卖点是满足消费者足不出户买东西的“懒人心态”，客观上必然会分流人们的线下购物需求，但在网络购物发展之初，多数人并没有意识到其所蕴含的巨大潜力。2012 年 12 月，在 CCTV 中国经济年度人物颁奖盛典上进行了一场关于“电商能否取代传统的店铺经营”的辩论，这场辩论集中反映了当时对于线上和线下两种商业模式的争论，而且这种争论不仅存在于商界领袖身上，也体现在普通的消费者身上，因为大多数人始终坚信，买东西还是要去商场和超市，网络购物永远无法成为主流。

事态的发展不言而喻，网络购物的发展超出了大部分人的想象，直接的结果就是线下商业模式的购物功能被严重削弱，很多习惯了网络购物的消费者只有在时效性无法通过网购得到满足的情况下才会进行线下购物，客流量的减少对于传统商场来说简直是灭顶之灾，在全国各地确实有一部分老字号的百货商场退出了历史舞台，尽管这不能完全归咎于网络购物的发展，但至少是很重要的原因。

穷则思变，线下的商场开始转型，转型只有一个核心问题，那就是让已经习惯于网络购物的消费者重新回到商场，而转型的方向就是强化娱乐功能，以此来带动被分流严重的购物功能。这里所说的娱乐功能是一个综合性的概念，既包括电影院、游戏厅、亲子乐园这样的娱乐设施，也包括餐饮、健身、美容养生这样的生活休闲服务。如今，各个商场都是综合性的娱乐休闲复合体，为消费者提供全方位一体化的生活服务体验，而购物活动已经变成了人们在休闲娱乐之余的附属品。最常见的场景是，消费者看完电影、吃完饭或者带孩子上完课外兴趣班顺便逛一逛商场里的店铺，买一些原本不在购物计划内的商品，然后心满意足地结束一天的休闲行程。“娱乐为主，购物为辅”是传统商场购物功能和娱乐功能互相转化的结果，也是现代线下商业模式的主要形态。在娱乐功能的作用下，商场聚集了大量的客流，成为线下购物活动的肥沃土壤，那些具备档次差异化（奢侈品专卖店）、时效差异化（社区便利店、生鲜超市）、风格差异化（文创、艺术设计）的实体商业依旧欣欣向荣，就连不具备以上 3 个特点的实体店，只要能靠近娱乐功能发达的商业实体，同样也能享受高客流量带来的红利。

网络购物迫使线下商业发生了娱乐功能和购物功能的转换，其自身也同样在两种功能之间不停切换。互联网在发展之初以娱乐功能为主，网络购物产生之后各大平台专心把购物这件事情做好，首要的任务是确保购物功能可以顺利实现，娱乐功能并不是平台建设和运营的重点，或者说无暇顾及。当网络购物发展成熟之后，带有互联网娱乐基因的购物平台开始显现其在娱乐方面的强大能力，展现形式、智能服务、互动方式等的不断迭代使消费者在网络购物行为中发现了更多乐趣，获得了更高级别的心理满足。

2020 年 8 月，淘宝发布了一份关于当代青年消费行为的研究报告——《不正经青年诊断报告》，该报告显示近 3 年熬夜刷淘宝的年轻人增长了 3 倍多，晚上 10 点是年轻人逛淘宝的高峰时段。熬夜刷淘宝一般不会是因为工作，目的是娱乐、放松、休闲。《不正经青年诊断报告》还显示，每天有 1 700万用户在淘宝上只看不买。对身处快节奏生活中的现代年轻人来说，娱乐休闲的时间极其宝贵，当完成了一天的工作和应酬后，“舍不得睡”是对人们心理的最准确的写照，因为“睡觉”意味着“醒来”，而“醒来”则意味着又要面对外部环境的压力，所以洗漱完毕身心放松地躺在床上的睡前时间成了一天中最美好的休闲时光，除了玩游戏、看视频、刷社交网络，在网络购物平台上闲逛也是一项很重要的休闲娱乐活动。

网络购物平台的娱乐功能源于哪里？从平台方的角度来说，围绕着商品的展示、销售和售后服务，网购平台将自己打造成为一个汇聚了商品的展示、比较、交流等多种功能的独立空间，而且这个空间对网络用户来说几乎是无限大的，可以提供给网络用户的惊喜远远超过一个逛过几次就会腻烦的线下商场。从消费者的角度来说，在购物平台构建的空间里，可以满足自身的多种心理需求，例如，通过图片、视频、文字来了解商品的外观、价格、评价等信息，即使不立即购买，也会有一种可以产生满足感和拥有感的“知晓心理”，甚至对那些自己根本不可能购买的商品也是如此。此外，购物平台的分享、交流等社交功能可以满足消费者的“群体认同心理”，这在女性消费者身上体现得尤其明显，与她们倾向于结伴逛商场的行为十分类似，即使互不相识也可以获得人际交往的满足感。

在商品买卖的博弈中，卖方与买方之间的接触面是一个很重要的因素，接触面越大，购买行为发生的可能性就越大，而双方接触的频次、时长、形式都会对接触面产生直接的影响。消费者在网购平台上闲逛的时候通常处于一种精神放松、身体舒适的状态，当闲适安逸的“随便逛逛”和严格自律的“早睡早起”摆在面前进行二选一的时候，前者的诱惑是巨大的，驻留在网购平台上的时间总是会在不知不觉之间飞速流逝，再加上购物平台基于客户数据收集和大数据算法的营销，发生计划之外的购买行为是自然而然的事。《不正经青年诊断报告》中有一些有趣的数据，例如，年轻人夜间最爱下单的美食是螺蛳粉、麻辣牛肉和辣条，而女性消费者晚间买的面膜平均价格会比白天贵一些。这样的行为很难说清具体有多少是计划内、多少是计划外的，但可以肯定的是，闲逛增大了接触面，螺蛳粉、麻辣牛肉和辣条等食品的刺激性美味引起了消费者吃夜宵的欲望，而购买较贵的面膜更像是对自己的一种褒奖和犒劳，在舒适的闲逛过程中，所有看似不合理的计划外消费都是顺理成章的。

在网购平台上的计划外购物并不能直接被定义为消费者的非理性行为，因为消费者很可能是在没有预期的情况下购买了自己心仪已久或者确实需要的商品。在效果上，闲逛过程中的计划外购物会给消费者带来愉悦和满足感，从而对类似的场景和行为形成正向的强化作用，使得在网购平台上闲逛成为一种惯常的娱乐方式。当消费者事后回想起来的时候，他们的注意力不会集中在占用了多少本该用于睡觉的时间、多花了多少钱、多买了多少不该买的东西上，而是更容易关注自己在偶然之间买到的那些划算或者自认为划算的东西，这种不均衡的记忆在心理学上被称为易得性启发，或者叫作可利用性启发，意思是当人们去判断某一类事情发生的可能性的时候，会本能地以自己能回想起的以前同类事情的多少为依据，却没有意识到事情发生的情景给自己留下的印象更深，而没有发生的情景印象较浅或者已经被完全遗忘，也就是说人们通常是根据在记忆中更容易“得到”的经验来做出判断。网购平台的娱乐功能充分利用并放大了消费者的易得性启发，使消费者深陷其中而不自知，并产生了大量的计划外消费。

第四节　新消费时代

面对娱乐功能对于网络购物活动的巨大促进作用,“精明”的网购平台自然不会无动于衷。2020 年的“双十一”购物节最显著的特点就是各大平台都将战线拉长。例如:苏宁易购从 9 月 28 日就进入“双十一”状态;京东从 10 月 21 日即启动“双十一”活动,两波预售分别在 11 月 1 日和 11 月 11 日付尾款;天猫的节奏与京东基本一致,11 月 1 日的活动高峰持续到 11 月 3 日;拼多多从 10 月 21 日一直到 11 月 14 日持续推出跨店拼单返现活动,与“百亿补贴”双管齐下。这样的节奏变化一方面可以使平台和商家能够更加从容地完成服务流程,另一方面可以在一个更长的时间段里对用户施加影响,增大接触面,推动购物功能和娱乐功能与用户的各种生活场景更深入地融合,从而进一步确立“双十一”在消费者心目中的地位,使其更像一个“节日”。除了拉长的时间线,网络用户还可以在 2020 年的“双十一”期间深刻感受到网购平台对于拉动消费行为所付出的前所未有的努力。

在宣传方面,网购平台加强了与传统媒体的合作深度和广度,除了铺天盖地的海报和广告,最引人关注的是横跨多个卫视频道的众多购物晚会。“双十一”购物晚会源于 2015 年湖南卫视和天猫的合作,在 2020 年 10 月底到 11 月初长达半个多月的时间里,天猫、苏宁、拼多多、快手等众多网购平台携手北京、东方、江苏、浙江、湖南五大卫视推出了至少 6 台大型“双十一”购物晚会,通过文娱演出、广告、抽奖、购物福利等多种形式对用户进行狂轰滥炸,所营造的热烈气氛比起元旦的跨年、过年的春晚都毫不逊色,力求将网络购物的娱乐功能发挥到极致。

在内容方面,网购平台积极推动消费与社会发展中的特色主题相结合,抓住扶贫、乡村振兴、下沉市场、国潮等多个切入点来满足消费者不同维度的需求。以扶贫为例,各大平台都组织了规模空前的针对偏远地区产品的销售活动，体系化、专业化的营销方式为当地的生产者带来了可观的收益，也为城市消费者带来了特色、新鲜、公益的购物体验。此外，伴随着社会整体发展和消费升级，下沉市场的消费能力得到了长足的发展，京东的数据显示，一线市场与农村市场在预售阶段的订单金额同比增长分别达到117%和126%，11月1日至11月11日京东农村用户的智能手表成交额同比增长144%，智能配饰成交额同比增长128%，电动牙刷销量同比增长212%。

除了空前的宣传力度和紧贴时代特征的购物内容，2020年“双十一”最大的特色就是直播电商成为所谓“新消费时代”的主流电商模式，充分起到了销售额提升主要助推器的巨大作用。主播们的背后是一个庞大的直播电商供需市场。阿里巴巴2021财年第二财季的财报显示，淘宝直播已经成为各个商家极其重要的营销手段和模式，截至2020年9月30日的12个月，淘宝直播的成交金额（Gross Merchandise Volume，GMV，包括付款金额和未付款金额）超过3 500亿元。

从源头上来说，直播电商脱胎于2012年兴起的网络视频直播。网络视频直播最初的内容主要是秀场直播和游戏直播。秀场直播的题材包罗万象，包括唱歌、聊天、舞蹈、乐器、美食、旅行、探险、手工制作、宠物、美妆等几乎所有的生活场景，而游戏直播的题材则聚焦于热门的手机游戏、网络游戏或单机游戏。二者的基本形式都是通常被称作“主播”的主持人通过网络进行视频直播，以特定的内容来获取观众流量和经济收益。随着观众的聚集，视频直播间自然而然地就变成了一个优秀的商品信息发布平台，于是便出现了专职带货的直播电商。自从2016年直播电商诞生以来，其参与者除了淘宝、京东、苏宁这样的传统电商平台，还有抖音、快手这样的视频平台，它们依靠视频业务积累的客户基础和流量运营手段跨界进入直播电商领域，使之成为自己新的发展契机，也为直播电商从业者提供了更加多样化的平台和广阔的发展空间。在这些从业者群体中，既有占据金字塔顶端、拥有顶级流量的头部主播，也有众多不同覆盖面、不同类型的腰部主播和底层主播，除此之外，众多文体明星、企业高管、政府官员、普通市民也都以不同的方式参与其中，整个行业呈现出快速增长的繁荣局面。

对电商直播来说，核心的考量指标包括转粉率、同时在线人数、观看时长、点击率、转化率、销量、营业额、观看指数、互动评论指数、直播间分享数、粉丝回访数、进店访客数、收藏数、加购数等。这些指标的提升都依赖主播和观众之间的博弈关系。观众在某个主播身上消耗时间和金钱，是因为他们的某种需求在主播那里得到了满足，而主播则要使尽浑身解数去洞察并且满足这种需求。

每一场电商直播都是一个系统工程，最终目的是把商品卖出去，但这个系统与传统的网络购物最大的不同在于，传统网络购物的展示界面只有一个核心，那就是商品，而电商直播则是一个由主播和商品共同组成的二元体系。观众在观看电商直播的过程中无法忽视主播的存在，尤其是那些拥有顶级流量的头部主播，观众会牢牢地被他们的一举一动、一颦一笑吸引，直播变成了一项类似于真人秀的娱乐活动，购物反而成为附庸，这正是娱乐功能压倒购物功能的直接体现。在这种情况下，主播变成了明星偶像，观众变成了粉丝，二者之间建立了一种混杂着满足、依赖、羡慕和自我实现的信任关系。当主播在预先设定的脚本帮助下通过某些符号化的语言、表情、动作来推销商品的时候，观众会将对于主播的信任和好感转嫁到商品上，形成所谓的“晕轮效应”，计划内的消费自不必说，计划外的消费也会大大增加。如此往复，在易得性启发的作用下，观看直播变成了一种习惯，尤其是对于自己喜欢的主播，观众会长时间地泡在直播间里，即使是在做其他事情的时候也不会退出，就好像很多人习惯于把电视打开当背景音一样，这几乎是一种潜意识里的依赖感。

当然，对主播个人魅力的信任和依赖并不是观众消费的唯一理由，毕竟拥有明星魅力的头部主播凤毛麟角，在大多数情况下，商品本身仍然是影响观众消费的决定性因素，只不过在主播的助力之下，观众看到的购物界面更加立体和生动。在视频直播时，观众可以借助于主播的语言和肢体动作对商品进行全方位的了解，还可以充分利用网络的互动性来实时提问、交流，获得更强的现场感。对于一些可以展现制作过程的商品，如工艺品、字画等，观众甚至可以现场预订，并且能够看到完整的制作过程，获得传统购物形式无法企及的参与感。而对于农副产品，如水果、活禽、海鲜水产等，观众可以跟着主播的镜头深入田间地头、养殖场所或者捕捞现场，眼看着主播将自己购买的商品进行采摘、冷藏、封装，隔着屏幕都能感觉到无与伦比的鲜活感，置身于这样的情景之中，即使不买商品也会被主播营造的热烈气氛感染。

在直播的整个过程中，观众的注意力聚焦在主播和商品上面，不知不觉之间还会被以下几个心理因素影响。首先是最常见的"从众心理"。作为电商直播中最关键的指标之一，同时在线人数几乎可以与直播间的成交额画等号，电商平台、主播竭尽所能来增加观众数量，甚至不惜采用虚假和违规的手段来营造人满为患的景象。面对屏幕上真假难辨的在线人数、询问解答、打赏点赞和下单成交，观众会觉得既然那么多人都在购买，为什么自己不试试？尤其是有的主播善于利用产品来对人群进行显性或者隐性的分类，用户会将购买产品与某种类型的群体进行无意识的关联，这增加了用户购买的可能性。其次是"时效压力"。当用户认为某种商品很受欢迎以至于稀缺甚至断货的时候，便会产生时效压力下的紧张感和盲目性，计划外的购买行为便会增加，主播经常利用"最后××组""卖断不补"等手段来增加时效压力，这与街头小店中经常出现的"撤店甩卖，最后三天"如出一辙。最后是"对比效应"。普通用户很容易对平铺直叙、缺乏节奏变化的电商直播感到厌倦，而会对自己心目中认为的折扣与溢价、昂贵与平价的对比产生浓厚的兴趣，尽管这种对比不一定符合实际的情况，但却可以为观众带来内心的满足感。因此，主播通常也会借助于定期或者不定期的抽奖、额外折扣等来作为刺激手段，或者穿插介绍不同价格级别的产品，给观众营造出前后对比的层级感，推动购买行为发生。

随着受众面的增加和认可度的提升，电商直播正在被越来越多的地方政府机构用作推介本地物产、展示地方形象的工具，领导干部也一改往日严肃拘谨的风格，在直播间与主播一唱一和卖力地宣传。从政府管理者的角度来看，直播电商发展迅猛，触达面广泛，是惠及本地民生、提升政府形象不可或缺的工具。而从观众的角度来看，此类直播的看点除了地方特色浓郁的商品，还有政府官员表现出的与往日惯常形象的反差，这种形象上的对比和转变会有效地拉近距离、产生亲切感，推动商品的销售。

从最早的网站下单到如今的手机直播带货，网络购物的形态和方式不断变化，而且这种变化会一直持续下去。“618”“双十一”这样的网络购物节在经历了10多年的飞速发展之后在2021年似乎露出了疲态。在2021年的“双十一”活动中，天猫总交易额的同比增幅13年来首次跌破10%，京东28%的增幅相比于2020年的33%也有明显回落，而全网交易额的增幅仅为12%，不但已经连续3年下降，对比2019年52%的增幅更是差距明显。同时，作为发挥“双十一”长尾效应的“双十二”，虽然达不到“双十一”的规模，历年来也有不错的销售成绩，但在2021年竟然获得了“史上最凉双十二”的称号，网络用户们普遍的反映是热度低、活动力度小。

造成这种现象的原因是多方面的。从客观因素来说，网络购物市场在经历了多年的飞速发展之后已经具备了巨大的体量，增速下降是必然的趋势，同时在新冠疫情影响下大的消费环境比较严峻，整体的市场需求受到了影响。从用户的主观因素来说，趁着网络购物节囤积生活必需品的消费不会出现大的波动，但对于非必需品的消费则变得更加理性，尤其是对于90后和00后这样的互联网原生代来说，经历了10多年的网络购物节洗礼之后，他们对各种促销噱头的新鲜感已经消失，并且对不良商家先涨价后降价、促销套路烦琐等各种套路深恶痛绝，不想被“割韭菜”，这也是被众多市场调研所证明的结论。对主观因素进行更深入的分析可以看出，面对网络购物节所表现出的理性展现了当代年轻消费者最突出的心理需求——在面对各种外部因素的影响时对保持自我意识的渴望。

自我意识指的是一个人对自己身心状态的认识、体验和愿望，是对“我”这个概念的自我界定。自我意识包括3部分，即自我认知(“我”是一个怎样的人)、自我体验(“我”如何评价自我认知)、自我调整(“我”应该如何改进自我认知)。在消费领域，自我意识的概念并不新鲜，个性化、定制化、限量版、纯手工等概念都是瞄准消费者的自我意识进行的营销。自我意识与外部环境因素密切相关，年轻人的自我意识通常较强，但在成长和生活的压力的影响下，多数人的自我意识会逐渐减弱或妥协，最终成为所谓的“普通人”，这也就是通常所说的“在社会的铜墙铁壁面前碰得头破血流，最终磨平了全部棱角”。

每个时代的年轻人都会强烈地追求自我意识，但对现在的 90 后和 00 后群体来说，他们拥有“互联网”这个异常强大的武器，可以获得躲避外界压力的港湾、逃避现实的幻境和获取生活必需品的渠道。因此，相比于多数已经成家立业、屈服于生活压力的 80 后和 70 后，如今的 90 后和 00 后群体似乎并不太想像先辈那样轻易向压力低头，在互联网的帮助下，他们通过保持个体独立、降低社会联系来尽量保持自我意识，表现出来的特征就是年轻人群体单身率增加、宅文化兴起、低密度社交流行，追求物理空间上的独立、经济上的独立，或者精神上的自我隔绝。在这种心理的影响下，带有传统“大批发”和“大抢购”色彩、以满足传统生活方式需要为主旨的网络购物促销必然不再受推崇，更何况这些促销中还掺杂着各种各样的陷阱和套路，取而代之的是便于借助于互联网传播、能够引起消费者自我意识共鸣的个性化商品，如能彰显国民自豪感的李宁、回力等国产服装品牌的国潮系列，适合独居生活的小火锅、单人烧烤、综合料理机等厨具，以及满足自我精神追求的盲盒、手办、宠物用品等。在网络购物整体规模趋缓的情况下，能充分反映自我意识的商品正在成为新的增长点。

还有一种情况是，一部分年轻人的消费观发生了极大的改变，不管是心理上的主动还是经济条件限制上的被动，他们不再愿意被消费主义裹挟，把自己标榜为“低欲望青年”，对于网络购物不再热衷，日常追求的只是满足最基本的生活需求。这样的生活方式虽然还不是主流，但同样是建立在追求自我意识的基础之上的。

在人类漫长的商业发展史中，网络购物的发展形态、要素属性都与传统的购物模式大相径庭，但消费者的行为和心理并没有跳出传统营销心理学相关理论的范畴。例如，根据美国消费心理与行为学家德尔·I. 霍金斯(Del I. Hawkins)的消费者决策过程模型，消费者进行消费的核心动因是建立在内部和外部影响因素之上的自我概念和生活方式，以此为基础，在需求与欲望的驱动下才会产生是否要消费的决策过程。网络购物用户虽然具有“网络”的标签，但他们首先是生活在客观环境中的社会人，无法脱离社会发展对其所处的文化圈层、亚文化群体、社会关系、参照对象、家庭活动等外部环境的影响，也必然会受到自身的学习、记忆、情绪和态度等内部环境的驱动。互联网的强大之处在于，它可以通过其在时间和空间上的连接功能和反馈功能重塑网络用户基于传统内、外部因素而构建的自我概念和生活方式，催生了诸如下沉市场、独居市场这样的新的社会群体，使整个社会变得更加多元化，为传统的买卖行为拓展出近乎无限的空间。在这个空间里，霍金斯模型中“情境—问题识别—信息搜索—评价与选择—总结与反馈”的决策过程在消费者身上依旧重复出现，整个过程既充满了互联网时代的色彩，也反映了传统的消费心理和行动理念。

需要补充的是，对于社会公众来说，接受一种新生事物需要一个过程，即使该事物具备了某种先进性也是如此，而且接受的过程也许会很漫长，这既是因为新生事物在发展初期因为各种限制并不能展现它的优势，还归咎于社会群体一贯表现出来的认知惰性和对新生事物的本能排斥，纸币、蒸汽机、电力等划时代的发明都是如此。我国网络购物产业发轫于2000年前后，消费者在经过了初期的“看热闹”“不放心”之后，终于在移动互联网、网络安全、信用保障、物流体系等多方面因素的协同促进之下，实现了从“观望”到“接受”再到“依赖”的心理变化。新冠疫情期间，网络购物的优势和重要性进一步显现，不但保障了隔离在家居民的基本生活需要，还在某种程度上起到了心理疏导、稳定情绪的作用。在这种情况下，网络购物已经不再是单纯的商业活动，而是变成了重要的信息服务基础设施，在未来的社会发展和演进中将会扮演越来越重要的角色。

第四章

网 络 娱 乐

第一节 网络娱乐场景

“娱乐”是一个非常宽泛的概念，基本上可以泛指所有让人放松、愉悦的活动，它与衣食住行一样，是人们生活中不可或缺的元素。对于互联网来说，“娱乐”几乎可以算作仅次于“信息传递”的第二重要功能，它与互联网的产生和发展基本同步。1969年，“ARPANET”诞生于美国国防部，标志着互联网的诞生，也是在这一年，第一款真正意义上的网络游戏《太空大战》在美国伊利诺伊大学的远程教学系统“柏拉图”(Programmed Logic for Automatic Teaching Operations, PLATO)上诞生，它以诞生于麻省理工学院的第一款计算机游戏《太空大战》为蓝本，可以支持两人远程连线。“独乐乐不如众乐乐”的道理放之四海皆准，对刚刚掌握了网络技术的年轻人来说，将原来只能一个人玩的电子游戏搬到网络上与同伴进行对战，实在是一件既酷又有趣的事情。

时至今日，互联网世界里的娱乐活动可谓包罗万象。从用户场景上来看，最初的网络娱乐通常在固定场景的计算机上开展(包括iPad这样的平板电脑)，随着移动通信网络和智能手机逐渐渗透于生活的各个角落，固定场景和移动场景的网络娱乐逐渐融合，即便是在家庭空间这种传统的固定场景中，网络用户利用手机进行娱乐活动的时间也越来越多，计算机的开机频率和时长被大大压缩。从内容上来看，互联网上的娱乐活动涵盖了游戏、音乐、文学、绘画、影视剧、纪录片、综艺等几乎所有的线上娱乐方式，即使是那些必须要在线下实现的活动，如健身、旅行、手工等，在互联网上也会有无数的相关内容供网络用户参照学习，线上线下相结合，理论实践两不误。从表现形式上来看，互联网娱乐活动有长视频、短视频、直播、音频、图片、文字等。从参与方式上来看，有用户完全参与和互动的网络游戏、自制视频，也有用户主要以观众的身份参与的影视剧、综艺，还有介于二者之间的弹幕、社区论坛等。

线上的网络娱乐与线下的传统娱乐最根本的区别在于,互联网可以大大降低用户在不同场景、内容、表现形式和参与方式之间进行切换的时间成本和经济成本,实现对娱乐方式的“任意”选择。如果要分析网络用户的行为和心理,按照参与方式进行划分更加合理,因为用户通过互联网进行娱乐活动的场景、内容、表现形式都是一种表象,坐在计算机前玩游戏和捧着手机玩游戏、看电视剧和看综艺、看短视频和看直播在本质上都是心理娱乐需求的外部显现,并没有本质区别,而参与方式的不同则能够真正反映出用户的心理内核和行为驱动,毕竟“身临其境”和“隔岸观火”会产生截然不同的行为和心理反应。

第二节　网络游戏

用户参与程度最高的网络娱乐活动首推网络游戏。上映于 2018 年、由好莱坞著名导演史蒂文·艾伦·斯皮尔伯格(Steven Allan Spielberg)执导的美国科幻电影《头号玩家》描述了一种为游戏玩家提供完全沉浸式体验的网络游戏——《绿洲》。把伊利诺伊大学的《太空大战》与科幻电影里的《绿洲》放在一起比较,二者之间的差别犹如石器时代和太空时代一样巨大,它们唯一的共同点是可以把不同的网络用户连接起来,实现人与人的对战和交流,除此之外便不再有任何的可比性。电影中的人类玩家通过先进的网络传输技术、虚拟现实技术和触感模拟技术,全景式地沉浸在《绿洲》里,享受着现实生活中无法实现的多种活动场景,彼此之间按照游戏世界里设定的规则进行交流和互动,在个体上演绎着现实生活中的喜怒哀乐和爱恨情仇,在群体上则因为立场冲突、利益纠纷被划分成了不同的阵营互相争斗,现实世界中社会运行的方方面面都完全映射到了虚拟世界之中。除去让人眼花缭乱的未来科技,电影里的《绿洲》之所以能够成为人类社会的缩影,主要是因为它具备了架空特性、成长特性和记忆特性，这三大特性正是现实中网络游戏的基本特质，也是网络游戏区别于传统电子游戏的本质特征。

架空特性指的是网络游戏与现实世界之间有着明确的界限，其所具备的虚拟特质导致网络游戏世界里可以存在与现实世界无关的运行规则，并且这种架空的规则对所有的用户都是一致的，用户之间的交互都要遵循这种规则，但造成的后果并不会直接延伸到现实世界中。例如，网络游戏可以采用武侠、玄幻、科幻、悬疑、恐怖等多种主题，身处其中的网络用户可以拥有各种突破自然规律的能力，彼此之间也可以进行战斗和伤害，但这些虚拟要素在现实世界中根本无法实现，也不会对现实世界造成影响。成长特性是指用户在游戏过程中的外表、身份、能力等内外部条件并不是一成不变的，而是会遵循游戏的规则沿不同的路径发生改变，也就是所谓的成长，最常见的就是随着角色级别的提升和投入资源的增加，网络用户可以解锁更丰富的游戏场景，操纵的角色可以获得更强大的技能，从而得到更好的游戏体验。记忆特性是指用户的所有行为都会在游戏世界中留下印记，无数的印记组合在一起完成了对游戏世界的后天塑造，演化出极为丰富甚至无限的场景和情节。例如，网络用户在游戏过程中获得的能力和道具可以存储，与其他玩家的关系会一直维系，对游戏世界的某种改造会一直得以保留。

以此为标准，《太空大战》只能算作“联机游戏”，而不能算作真正意义上的“网络游戏”，最早的网络游戏应该是 MUD。MUD 有多重含义，包括多使用者迷宫（Multi-User Dungeon）、多使用者空间（Multi-User Dimension）和多使用者领土（Multi-User Domain），通常直译为“网络泥巴”或简称为“泥巴”。

MUD 是一种多人即时文字游戏，用户通过输入字符指令在虚拟世界中进行角色扮演游戏，进行探索和改造虚拟世界、战斗、完成任务、能力升级、与其他用户互动等活动。MUD 的起源可以追溯到 1978 年，但真正意义上成熟的 MUD 则诞生于 1987 年，以威尔士的阿伯里斯特威斯大学命名（为 AberMUD）。中国的 MUD 最早于 1992 年产生于台湾中央大学和台湾成功大学，大陆地区主流的 MUD 包括以金庸武侠小说为内容的侠客行类 MUD、以古龙武侠小说为内容的风云 MUD 和以《西游记》为内容的西游记类 MUD。巧合的是，无论是 MUD 还是联机的《太空大战》都起源于大学，这充分说明了有技术、有需求的大学生群体在电子游戏行业发展过程中不可替代的地位。

以现代人的眼光来看，MUD 的文字界面非常不友好。即使是在 MUD 产生的年代，各种各样的基于动画、图形的电子游戏都已经非常成熟，但 MUD 仍然能够迅速获得用户的青睐，首先要归因于 MUD 所具备的架空特性，简而言之，用户可以在 MUD 世界中按照完全不同于现实世界的规则活动，做那些想做却不敢做、无法做的事，在一定程度上实现了逃离现实世界的梦想。

逃离现实世界是一种普遍存在却又不易满足的心理需求。所有的人在现实生活中都会有痛苦、困难、疲倦、沉闷等负面情绪，无论是选择正面克服还是被动承受，都不可避免地会产生“逃离”的想法。当然，在目前的人类社会发展阶段，现实世界是无法逃离的，于是人们便尝试了各种各样的方法在一定的时间内将自己的注意力转移到特定的事物或行为上，使自己暂时忘掉现实世界所发生的不快。这些方法有的有益于身心健康，有的相对消极，还有的甚至会对自己和他人产生巨大的危害，但从效果上来看可以分为两类。一类是单纯的注意力转移，如看电影、逛街买东西、滥用酒精和药物等；另一类是进行某种类型的创造，如写作、手工等。对应以上分类，传统的电子游戏和《太空大战》那样的联机游戏属于前者，因为用户在游戏中能做的只是按照既定的规则完成相对固定的流程，无论游戏的剧情多么复杂，通关之后的体验只剩下一遍遍的重复。而 MUD 却属于后者，因为用户可以在其中发挥能动性创造属于自己的剧情，同时由于架空特性的存在，用户创造的剧情拥有无比巨大的自由度，再加上互联网的交互性，不同用户的剧情会产生交叉，相互影响，从而推动游戏乐趣呈几何级数增加。更重要的是，网络游戏对大多数人来说比写作、绘画这样相对枯燥的创造活动更轻松，用户更容易从中获得快感，因此即使是文字界面的MUD游戏也会轻易地让人沉迷其中，更遑论那些制作精良、画面精美、音效动人的现代网络游戏。

那么，用户最青睐的游戏架空设定是什么？基本的逻辑是与现实生活反差越大越好，在法律允许的范围内帮助用户实现可望而不可即的梦想是网络游戏架空设定的终极目标。如前文所述，中文MUD的题材主要脱胎于金庸、古龙的武侠小说和《西游记》，而仗剑天涯、儿女情仇的"武侠世界"和飞天遁地、漫天神魔的"神话世界"正是很多中国人心底里最神往的梦想之地，几乎每个人在年少时都曾经把自己代入武侠和神话中的人物，去演绎属于自己的传奇故事。中文MUD为成年人创造了一方任意驰骋的虚拟空间，用户们沉浸于此，不但获得了逃避现实的快感，还在不同程度上实现了自己年少时的梦想，再借助于互联网的互动性与其他人的梦想互相碰撞，这几乎满足了马斯洛体系中最高层次的自我实现需求。

架空特性不但是作为鼻祖的MUD游戏所遵循的原则，而且是后世所有网络游戏的第一要义。对于种类繁多的网络游戏来说，架空特性有着千差万别的具体表现，不同国家、不同地区的游戏开发者在做架空设定的时候都倾向于将其所属文化圈的特色融入其中，同时也会吸取其他文化派别的精髓来增强可玩性。例如，美国暴雪娱乐公司制作的《魔兽世界》的整体世界观架构就源于传统的欧洲奇幻文学，其中的人物、族群很容易与《指环王》《龙与地下城》《龙枪编年史》联系起来，其中却又夹杂着"熊猫人"这样的东方元素。《王者荣耀》这样的对战类网络游戏更是将世界各地的文化元素融入其中，在角色的设定上囊括了种类繁多的文化符号。世界各地的网络用户通过互联网连接在一起，根据自己的喜好去体验和享受不同文化的架空设定，在现实世界之外演绎属于自己的另一段人生。

如果说架空特性是网络游戏能够将网络用户吸引到网络游戏世界中来的基础，那么成长特性就是网络游戏长久地留住网络用户的关键。成长是世间万物的普遍特性，大到宇宙星辰、小到花鸟鱼虫都会经历成长的过程。事物的成长具有极其多元化的可能性，以人类的一生为例，婴儿时期所有人的体力、智力差别不大，但"一样米养百样人"，随着年龄的增长和阅历的增加，彼此之间变得千差万别，并且进一步构成了形态各异的种族、民族、社群、国家。人类社会是由差异巨大的人类个体组成的系统，复杂、易变、不可预测、足够广阔，每一个具备不同特征的个体都会在其中找到自己的生存空间和成长路径，“天生我才必有用”就是这个道理。从心理的角度来说，每个人也都有着对于“成长”的希冀，都渴望能通过生理和心理的“成长”来实现由弱小到强大的转变，从而摆脱眼前的种种困境。

网络游戏多样的成长特性就是将“成长”的自然规律复制到架空特性上去，不但实现了对人类社会形态的基本复制，而且拉伸了个人成长的尺度、加快了成长的节奏、丰富了成长的可能，使用户在短时间内就可以获得更加多样化的人生体验，这样的原理适用于几乎所有的网络游戏。例如，像《热血传奇》这样的角色扮演游戏（Role Playing Game，RPG），在架空的宏观背景之下，用户可以选择战士、法师、道士、刺客这些截然不同的职业，按照各自的成长路径获得类型不同、能力各异的技能和道具，通过不断的战斗和买卖进行持续的强化，以获取更强的能力，能力最强的用户犹如站在顶峰的王者，在虚拟世界中拥有至高无上的地位，这将带给网络用户无与伦比的游戏快感。而在《英雄联盟》或者《王者荣耀》这样的多人在线战术竞技（Multiplayer Online Battle Arena，MOBA）网络游戏中，成长特性拥有了更多的含义。一方面，用户操纵的游戏角色（通常称为“英雄”）拥有丰富的个性化成长路径；另一方面，随着游戏时间的增长和游戏技能的增强，网络用户本身的级别将会不断提升，按照所谓的“天梯段位”从坚韧黑铁、英勇黄铜、不屈白银、荣耀黄金、华贵铂金、璀璨钻石、超凡大师、傲世宗师直到最强王者，依次变强，从而获得更丰富的游戏模式、更多与高手切磋的机会以及更多的赞美和仰慕。还有像《FIFA 足球世界》这样的体育竞技类网络游戏，千方百计地收集明星球员、不断地强化球员的能力数值是在足球比赛之外最吸引用户的地方，这也是成长特性的体现。

用户沉浸在网络游戏之中，孜孜以求的就是游戏规则所赋予的多元化的成长可能性，以及由此带来的猎奇感、成就感、荣誉感，这是他们能够获得逃避现实、美梦成真等一系列快感的源泉。而且，网络用户对于成长特性的追求几乎永无止境,每一次升级、每获得一件高级装备、每击败一个空前强大的对手都会带给他们巨大的满足感,虽然这样的行为在外人看来没有任何意义,但对于网络用户来说,只要还有成长的可能,他们就会不断地去追求,对于他们来说,网络游戏里面的一个个关卡就是一座座等待征服的山峰,身为登山家的他们必须去攀登,"因为山就在那里"。玩网络游戏的过程会很艰辛,要花费大量的时间、金钱和精力,但是相比于现实世界的残酷,在虚拟世界里获得成长的快乐仍然要容易得多,在易得性心理的作用下,网络用户很可能会在网络游戏精心构筑的成长性陷阱里越陷越深,甚至出现"游戏成瘾"的问题。

网络游戏的第三个基本特性是记忆特性,这也是用户可以持续体验架空特性和成长特性的保障。在现实世界的某个时间节点,人们会根据外部的环境、内部的需求来决定自己接下来的行动,而对于外部环境、内部需求的判断则源于人的记忆,这其中既包括大脑中的显性记忆,也包括已经完全内化为潜意识的隐性记忆。以记忆为基础,人在世界上留下痕迹、对他人产生影响,并得到相应的反馈,这些反馈会成为新的记忆,如此往复。而作为人类活动对象的外部环境,也会保留人类活动的种种结果,最终形成了自己的记忆。"记忆"是电子游戏发展过程中一个非常重要的功能,相比于传统单机游戏的"存档",网络游戏的记忆更加复杂,而且有多种表现形式,用户在游戏中的职业、级别、能力、物品是系统所赋予的个体记忆,社交、势力、关系则是个体记忆叠加形成的群体记忆。狭义地说,用户可以保存没有完成的游戏进程,在其他的时间进行延续,就好比是给一本没有读完的书加上书签,将整个游戏的过程分解到不同的时间段,由此获得更大的自由度。广义地说,游戏里的每个网络用户都有自己的记忆,游戏可以将网络用户的每一次操作行为和由此产生的结果记录下来,并将众多网络用户的记忆汇聚在一起形成一个宏大的虚拟世界,这与现实世界的情形十分相似。

从 2020 年年初开始暴发的新冠疫情是人类社会发展史上又一次席卷全球的重大流行疾病疫情,由于互联网的存在,全世界的人们可以迅速、全面、深入地了解疫情传播的整个过程,以及各个国家的反应和应对方法,这为人们研究病毒在社会网络中的传播提供了重要的素材，但这并不是人们利用互联网研究病毒传播的唯一方式。早在十几年前，一个在网络游戏《魔兽世界》里发生的事件就曾经引起过流行病专家们的密切关注。

2005 年 9 月 13 日，《魔兽世界》的开发商暴雪娱乐发布了游戏 1.7 版本，其中“祖尔格拉布”副本的终极 boss“血神哈卡”可以释放一种叫作“堕落之血”的瘟疫，被感染的用户即使在没有被攻击的情况下也会自动掉血，直至死亡，而且这种状态还会传染给周围的其他人，包括由系统设定、拥有自身固定行为的“非玩家角色”(Non-Player Character，NPC)。

按照暴雪公司的预计，感染“堕落之血”的用户在离开“祖尔格拉布”副本之前就会死亡，复活之后感染会自动解除，所以瘟疫的传播只会局限在一个有限的时空内。然而实际的情况是，用户角色携带的宠物可以在被感染的同时活着回到外部的主世界，同时部分用户控制的角色拥有快速移动的能力，可以在死亡之前回到主世界。于是，“堕落之血”瘟疫便在主世界中传播开来，一时间游戏世界里尸横遍野，往日人口密集的城市变得荒芜，正常的游戏行为已经无法开展，网络用户们纷纷逃往偏远的深山老林以避免与被感染的人群接触。

在瘟疫蔓延的形势下，一些拥有治疗技能的网络用户像医生那样救死扶伤，积极地帮助其他人，还有一些用户犹如志愿者一样站在领地的入口阻止外来用户进入，而那些回血速度超过掉血速度、几乎不可能死亡的 NPC 则像无症状感染者一样变成了持续的感染源，众多的低等级用户则变成了高危群体，在瘟疫的笼罩之下一次次地死亡，无法解脱。最终，在瘟疫肆虐一个月后，暴雪娱乐将服务器硬性重装，剔除了“堕落之血”的影响，游戏才得以恢复运行。

整个事件不但在网络游戏业界产生了巨大的影响，还引起了公共卫生学界的关注。美国新泽西罗格斯大学的一名本科生艾瑞克·洛夫格伦(Eric Lofgren)和波士顿塔夫茨大学的教授妮娜·费弗曼(Nina Fefferman)撰写了一篇名为《虚拟世界如何协助研究现实中的传染病》的论文，于 2007 年发表在了医学领域的顶级期刊《柳叶刀·传染病》上。

在现实世界中，瘟疫蔓延这样重大群体事件的产生并不是一蹴而就的，而是在自然事物记忆特性的基础上多种因素叠加、积累、互动、沉淀的结果，《魔兽世界》中发生的“堕落之血”事件也是基于记忆的原理，沿着“系统设定参数—用户个体行为—用户群体互动”的路径持续发展，整个过程十分逼真地模拟了现实世界的运行情况，最终产生了灾难性的后果。像《魔兽世界》这样拥有宏大世界观的网络游戏，其记忆的内容极其丰富，种族纷争、虚拟社群、人际关系、商品买卖这些源于现实社会的复杂活动都会被记忆，整个系统运行结果存在众多的可能性，也只有在这样的条件下，才会发生“堕落之血”这样的极端事件。

架空特性、成长特性和记忆特性叠加在一起，犹如稳定的三角形结构一样，构成了网络游戏世界的坚实基础。对于用户来说，网络游戏作为一种完全沉浸式的娱乐方式，使他们可以置身于与现实世界完全不同的时空，获得自由度更大、更符合自己预期的另一种生活，体验难度更低、代价更少的成长和满足，所以他们愿意为网络游戏花费时间、精力、金钱和情感。也正是基于这样的心理，网络游戏中的虚拟财产才可以在现实世界实现真金白银的交易，彼此并不相识的陌生人会因为在某一款网络游戏中的敌对或者同盟关系而影响看待对方的态度，这些都是网络游戏的沉浸式娱乐功能外溢的表现。

从 MUD 到《热血传奇》再到《魔兽世界》《英雄联盟》《王者荣耀》，网络游戏在不断演进，给网络用户们不断提供更强的竞技性、更多的可能性和更高的成长性的游戏体验。如今，《头号玩家》中可以让用户完全沉浸其中的《绿洲》似乎正在逐步成为现实，诸多互联网巨头已经在新的赛道上投入了巨资，那就是元宇宙（Metaverse）。

元宇宙的英文名称由 Meta（超越）＋Universe（宇宙）两部分组成，出自美国科幻小说作家尼尔・斯蒂芬森（Neal Stephenson）1992 年出版的小说《雪崩》，书里的主人公戴上眼镜和耳机通过计算机进入虚构空间，从事一系列现实中的生产、生活和娱乐活动，这与《头号玩家》的设定一般无二。

在美国，元宇宙的概念已经处于资本市场的风口浪尖。2020 年 1 月，美国风险投资人马修·鲍尔(Matthew Ball)专门发表了一篇解释元宇宙的文章,他认为元宇宙是一个横跨现实与虚拟、与现实世界并行、始终在线的实时世界。2021年3月,以元宇宙为卖点的美国游戏公司Roblox上市,当天股价暴涨54%,市值超过400亿美元,元宇宙也成为全球科技产业中最热门的话题。2021年7月,社交网络巨头Facebook创始人马克·艾略特·扎克伯格(Mark Elliot Zuckerberg)称,Facebook要在5年内全面转型为元宇宙企业,并将公司的名字改为Meta,希望以一种全新的面貌迎接互联网的新时代。2021年5月,微软也表示正在努力打造一个"企业元宇宙"。

在我国,腾讯董事会主席兼首席执行官马化腾2020年年底曾经表示:"一个令人兴奋的机会正在到来,移动互联网十年发展,即将迎来下一波升级,我们称之为全真互联网。"腾讯也是美国Roblox的投资者之一。字节跳动也在2021年进行了一系列的元宇宙布局,如收购虚拟现实设备公司Pico(小鸟看看)、投资元宇宙概念公司代码乾坤等。此外,网易、莉莉丝、米哈游等公司也都在积极行动,希望能在元宇宙产业真正成熟之前打下坚实的基础。

我国清华大学新媒体研究中心发布了《2020—2021年元宇宙发展研究报告》,该报告认为相比于早期虚拟空间的概念,如今的元宇宙更强调虚实结合和用户创造内容(User Generated Content, UGC),这也必然会将用户参与网络游戏或者虚拟世界的程度推向极致。按照这种设想,虚拟现实、人工智能、区块链、大数据、5G/6G通信、可穿戴设备等底层技术需要取得更大的突破,这对于整个互联网产业甚至整个现代信息通信产业无异于一场颠覆性的产业革命。

网络游戏从MUD到元宇宙的演进来源于更先进的信息通信技术、更强的软硬件处理能力、更具戏剧冲突的剧本设计、更强调对抗性的竞争机制,但其所依赖的架空特性、成长特性和记忆特性不会改变。站在网络用户的角度,如果网络游戏由娱乐变成了生活本身,人们可以选择让自己的意识永远地留在网络游戏里面,与现实世界永远脱离,这样"庄周梦蝶"的场景已经不再局限于心理学和社会学的研究领域,而是扩展到了哲学和伦理学的范畴。

第三节 流行现象

与网络游戏这样完全沉浸式的网络娱乐相对应的是完全旁观式的网络娱乐，网络用户不会对娱乐内容产生直接的影响，他们只是作为接收者被动地接收，并从中获得某种满足感。这样的娱乐内容有很多种类，包括影视剧、纪录片、综艺、网络文学等，每种内容都有自己庞大的受众群体，并且还可以进行更详细的划分，不同用户群体的兴趣点、行为习惯、心理反应千差万别。归纳起来，这类网络娱乐素材的吸引力来源于表现形式、特定内容、具体角色 3 个方面。

表现形式的吸引力源于网络用户对某种娱乐节目的偏爱。例如，某用户最大的爱好是观看各种各样的纪录片，无关内容，无关国别，无关年代，他只关心纪录片这种题材所具备的纪实风格。这种网络用户所占的比例较低，更多的可能是他们本身是某种职业的从业者，如导演、编剧等，他们需要从同类别的作品中汲取营养来提高自己的创作水平。

特定内容是网络娱乐节目吸引力最常见的来源。用户基于自己的兴趣爱好选择内容，对表现形式的要求通常不会很苛刻。一个喜欢跳舞的用户很可能既是某一档舞蹈类综艺节目的忠实观众，也喜欢看有关跳舞的电影，同时还可能对描写舞蹈演员生活的纪录片感兴趣。这样的用户很多，他们的这种偏好行为很可能源于纯粹的热爱，而非其他的功利性目的。

具体角色也是网络用户选择娱乐节目的重要依据。例如，一个娱乐明星通常都会有被称为粉丝(fans 的音译)的观众群，他们会时刻关注该明星的动向，而不会在意是什么样的形式或内容，即使是明星的一些日常琐事也都会成为粉丝们津津乐道的话题。明星所引起的粉丝关注量有一个特定的词——流量，流量产生的基础是网络用户因对具体角色的偏爱而产生的带有盲目色彩的追逐和投入行为。

在实际的互联网世界中，用户对于表现形式、特定内容、具体角色的喜爱通常都是交织在一起的，他们为自己的旁观行为耗费时间、精力和金钱，从中获得满足感。网络用户个体的喜好和倾向在互联网上传播、扩散、互相影响，表现出大面积的倾向性，从而成为一种流行现象。但这样的行为并非互联网所独有，其在现实世界中拥有更加久远的历史。

根据百度百科的解释，流行表示的是一种普遍的社会心理现象，指社会网络中一段时间内出现的或某些权威性人物倡导的事物、观念、行为方式。流行的素材通常会被大量的人接受、喜爱和采用，进而迅速传播，也可以叫作时尚、潮流、时髦等。流行现象的内涵很丰富，几乎覆盖社会生活的所有领域，包括音乐、美术、服饰、建筑、设计、语言、行为等，其特质就是“来得快，去得也快”，大部分的流行现象通常会在一个相对较短的时间内大范围出现，却又在一段时间之后消失或者衰减到几乎可以被忽略，只有少数的流行现象能够经受住时间的考验，固化成为人类社会的发展积淀。

在人类社会发展的历史中，处处可以看到流行现象留下的痕迹。我国新石器时代的陶器普遍都会有各种几何纹、动物纹、编织纹等花纹装饰，但不同文化遗址中出土的陶器装饰有很大不同，例如：距今 7 000 年前的半坡彩陶早期纹饰多为散点式构图，自然质朴；而距今 5 000～6 000 年的庙底沟彩陶的纹饰更成熟，通常是点、线、面并用，节奏鲜明，韵律感很强；距今 4 000～5 000 年的马家窑彩陶的纹饰则更精细，多是同心圆纹、弦纹和平行线搭配，已经达到绘画艺术作品的水平。同一种文化的彩陶在纹饰上普遍具有趋同性，这反映出一定时期、一定区域、一定文化圈层内人们的审美是一致的，但这种一致性会因为社会的发展而发生演进，这也符合流行的特征。

纵观人类社会的流行现象发展史，纷繁复杂的表象背后是两个核心特质——传播和投入。传播是基于群体的概念，按照传播学的理论，传播的基础要素包括传者、受者、传播媒介、传播内容、传播效果，某个事物的流行可以解释为传者所发出的传播内容借助于传播媒介在受者群体中达到了强烈的传播效果。以发型为例，无论是 20 世纪 60 年代美国猫王埃尔维斯·普雷斯利（Elvis Presley）的 Pompadour 发型、20 世纪 90 年代风靡我国大江南北的“郭富城蘑菇头”，还是大卫·贝克汉姆(David Beckham)2001年痞味十足的莫西干发型，都是作为传播内容的明星发型经由电影、电视、报纸、杂志、互联网等传播媒介在社会群体之中引起了巨大反响，唯一的区别在于各个时代的传播媒介都有各不相同的传播特征。与传播相比，投入通常是针对受者而言的，具有更加显著的个体特征。人们对于流行现象的态度尽管会受到周围环境的影响，但起决定作用的还是个人的心态和倾向。在20世纪90年代我国的中学校园里，总会有那么一批学生甘受家长、老师的苛责而坚决保留自己精心打理的“郭富城蘑菇头”，以此来宣泄自己澎湃的青春冲动，同时也成为同学眼中最亮的风景。在这样一个体系中，敢于保留“郭富城蘑菇头”的学生不但投入了情感，还付诸了行动，而不敢跨越“雷池”的学生和心怀不满的师长只会投入情感，或是欣赏，或是羡慕，或是憎恶，充满了强烈的个人色彩。于是，在传播和投入的二元框架下，一代又一代的流行现象产生又消失，直至今天的互联网时代。互联网时代的流行现象延续了传播和投入的二元框架，但是在细节上具有鲜明的互联网特色。

就传播的特质来说，由于电影、电视、报纸、杂志等传统媒介的运营成本很高，且承载内容的版面有限，这就决定了只有少数人能够借助于这些媒介成为传者，普通人即使有想法、有意愿、有内容，也极难有机会将其传播出去。所以在以传统媒介为骨架的传统传播网络里，少量的传者处于支配地位，而大量的受者处于完全被动的地位。对于20世纪70年代末至90年代初的国内观众来说，电影明星、电视明星、歌星就是最大的流行，他们的一举一动、一颦一笑都能够引领整个社会的风潮，能够出现在电影中、电视上、磁带包装上、杂志封面上的娱乐明星都是高高在上、高不可攀的，通过有限的传统媒介他们只能接触到这些明星最光鲜亮丽的一面，在他们的心目中，明星代表着出众的外表、高尚的品质、高超的技艺，是完美无瑕的偶像，而且就算观众们对某些明星有什么意见，最多也只能给电视台和广播电台写信表达不满，无法改变自己在传播网络中的弱势地位。

但是，互联网具有多节点、低成本、病毒式传播的特质，这是传统媒介无法比拟的传播优势。在互联网的透视之下，各路明星的隐私无所遁形，观众们发现在镜头前耀眼的光环之下，明星们也是普通人，他们有自己的喜怒哀乐、悲欢离合，有为人所不齿的阴暗面，也有令人唏嘘的幕后故事。如今肖战、易烊千玺们的粉丝与20世纪90年代张国荣、刘德华、黎明们的追星族同样疯狂、盲目，但最大的区别在于，他们可以接受明星的不完美，只要明星有任何能够取悦自己的地方，他们就会不遗余力地去追随，而在20世纪90年代的追星族看来，明星们必须是完美无缺的，就算是谈恋爱和结婚这样的私事也会破坏他们在自己心中的形象。造成这种现象的原因一方面是互联网无与伦比的多样性和混乱性；另一方面是观众作为受者在传播系统内获得了话语权，他们可以以较低的成本去表达自己的喜好，毕竟在网上去支持一个丑闻缠身的明星比到现场去拉横幅、喊口号要简单得多。

这里又涉及一个热门话题——明星们的"人设崩塌"。所谓"人设"，通常是指年轻群体比较青睐的动画、漫画、游戏中的人物设定，也就是在广义的文艺作品中对人物身份、相貌、性格、爱好、行事风格的定位。对于一部好的文艺作品，"人设"与故事的情节是密切相关的，情节可以有转折，"人设"可以有变化，但这种转折和变化一定要事出有因，合乎情理。若情节的发展与"人设"严重背离，则说明情节不合理，最初的"人设"已经"崩塌"，从而严重影响整个动画、漫画、游戏及其他文艺作品在观众心目中的地位。

在娱乐产业已经非常成熟的今天，一个明星的产生和发展是一项复杂的系统工程，而确立所谓的"人设"是其中一个非常重要的基础环节，在很大程度上决定了明星的受众群体和发展路径，这与文艺创作过程中对关键人物的刻画如出一辙。明星的"人设"一方面要以明星自身的禀赋为基础，更重要的是要考虑受众群体的心理喜好，也就是受众群体希望从明星身上获得的愉悦感、代入感等正面反馈。以此为动机，在周密的策划和运营下，出现在公众视野中的明星通常会呈现出经过精心设计的美好形象，从而迎合受众群体的某种心理喜好，其市场表现也会服从这种喜好，与"人设"保持一致。久而久之，明星的受众群体（也就是粉丝）会在心理上将明星的"人设"与明星本身画等号，甚至会进行一定程度的自我暗示，不断强化这一判断，最终将其视为理所当然的事。

但是，明星也是人，光鲜亮丽的形象下总会包藏着各式各样的个人行为和心理，这些行为和心理很可能与“人设”不相符，甚至南辕北辙，在现代媒体的发掘和传播之下，隐藏在外表背后的另一面越来越难以躲过公众的视线。这样的例子举不胜举，表面上是顾家爱家的好丈夫、好妻子形象，却被爆出家暴、出轨丑闻；镜头前友善、和蔼，私下里对待工作人员粗鲁、刻薄；嘴里说着善良诚信，私下里却胆大包天、目无法纪，最后身陷囹圄、身败名裂。个体本质与“人设”的背离并不是明星的专属，在普通人的生活中也会存在“人设崩塌”的现象，但明星的所作所为却会因为互联网的传播而被无限放大。

归纳起来，粉丝在面对偶像的“人设崩塌”时会产生3种心态走向。一是震惊和愤怒，这种心态说明粉丝在心理上能够分清理想与现实的界限，当发现理想中的偶像不符合自己的预期之后产生抵触心理，将其驱离自己的视野和生活。二是失望和痛苦，持有这种心态的粉丝在明星身上通常有极强的代入感，完美的“人设”是他们的心灵寄托，也是他们心理世界中理想自我的投射，偶像的“人设崩塌”摧毁了这种代入感，导致了粉丝对自我的否定和怀疑。三是无所谓，继续喜欢，这样的粉丝对明星所持有的态度比较极端，他们认可明星身上的某一点特质之后，便会坚定地沉浸在围绕这种特质所营造的自我世界里，不管这种特质是真是假，也不受其他正面或负面因素的影响，我行我素。

如今，“明星”似乎成了一个高危行业，千辛万苦树立起来的“人设”、积累起来的口碑很可能在一夜之间被一条微博、一张照片、一段视频而彻底摧毁，而且这种事件发生的频率之高在电影、电视、广播、报刊等传统媒体时代是难以想象的。这一方面是由于娱乐行业发展所导致的自身固有缺陷和内卷；另一方面也是因为互联网空前的传播能力使得公众能够更容易地看到明星的表面“人设”与真实内在之间的差异。在这种情况下，在互联网时代长大的粉丝们的追星历程充满了巨大的不确定性，心态也在经历着空前的锤炼，从某种意义上来说，似乎能够让年轻人更清楚地认识到社会的复杂性。

以上是互联网流行现象的传播特质，在互联网传播特质的作用下，传者面临的风险增大，受者话语权提升。而互联网流行现象的投入特质则主要体现在网络用户面对流行现象的态度上。与传统媒体时代相比，网络用户的态度表现出了极大的随意性，以至于互联网时代的流行现象不但对很多旁观者来说难以理解和接受，即使是对参与其中的网络用户来说，也可能是一头雾水，但这并不妨碍他们积极地投入。

2009年7月16日10点58分，一个不知名的网友在百度“魔兽世界”贴吧里发表了一个名为“贾君鹏你妈妈喊你回家吃饭”的帖子，帖子中的内容只有“RT”两个字母，意思为“如题”，此外再无其他信息。谁也没有想到，就是这样一个没头没尾、莫名其妙的帖子在一瞬间引爆了网络。根据百度百科的记录，这个帖子在当天20点53分的楼层数超过2万，每小时约有2 500个跟帖；截至23点59分，楼层数超过55 555，第20 000至55 555楼每小时约有1.2万个跟帖；截至7月17日2点楼层数超过8万，第5万至8万楼每小时有超过1万个跟帖，同时出现了大量的恶搞图片；截至7月17日8点32分，楼层数超过10万，到了18点30分楼层数超过20万，在这10个小时之内每小时仍然保持1万个以上的跟帖；截至7月17日23点54分，楼层数超过30万。

一时之间，“贾君鹏”成了网络名人，但没人知道他是谁。许多网友在百度知道、新浪爱问纷纷悬赏询问“贾君鹏”到底在哪里，甚至有人通过技术手段去寻找现实中的“贾君鹏”。更有不少网友加入恶搞队列，注册了“贾君鹏的妈妈”“贾君鹏的姥爷”“贾君鹏的二姨妈”“贾君鹏的姑妈”等网名组成异常庞大的“贾君鹏家庭”。同时，大量的“贾君鹏”衍生话题、文学作品、新闻报道、网络周边产品集中出现，整个事件成为中文互联网历史上非常著名的网络事件之一。

时至今日，“贾君鹏”事件的来龙去脉并没有完全明了，也不排除有幕后推手的可能性，但这都不重要，重要的是这是一场众多网络用户自发投入的网络狂欢，而狂欢的核心是一条看起来普普通通、没有任何流量价值的论坛帖子中一个没人认识的“贾君鹏”。在外人看来，参与“贾君鹏”事件的网络用户简直是不可理喻的，他们怀着极大的热情、耗费了大量的精力去关注、执行一项似乎没有任何意义的活动，这样的群体行为让人无法理解。但对于身处其中的网络用户来说，这样的行为是他们对于互联网世界兴趣点和娱乐内核的反馈，因为他们感受到了“贾君鹏”帖子平淡内容中所蕴含的无厘头、怀旧、戏剧化等特性，并用凌乱、片段化、没有逻辑的互联网风格进行描述，从而产生了一场网络用户的意识流群体表达。这样的表达凸显了网络用户充分发挥自我个性、积极“投入”互联网世界的主体意识。

从投入的角度来说，互联网流行现象浪潮下的网络用户与传统流行文化受众也有相似之处，那就是同为传播受者的他们在态度上都有鲜明的个性化色彩，不同年龄、文化、阶层的用户对于同一个流行事物可能会持有截然不同的态度，但网络用户参与互联网流行现象的过程具有更强的时效性，导致互联网流行现象的迭代速度更快，而且会越来越快。以网络流行语为例，从早期BBS时代的“美眉”“886”到后来的“××了个寂寞”“扎心了，老铁”“我不要你觉得，我要我觉得”等等，这些流行语在传播的高峰期可以说随处可见，春节晚会上的小品和相声都会出现网络流行语的身影。但是，当传播期过去，旧的流行语便会迅速销声匿迹，人们的注意力会被新的流行语吸引。“美眉”“886”可以说贯穿了早期互联网用户们的整个聊天室、BBS和论坛时代，流行时间以年来计算，而如今的网络流行语的传播时间则以天来计算。造成这种现象的原因是，人们对流行现象的投入带有明显的喜新厌旧的色彩，互联网的不断发展给人们提供了更丰富、更廉价的流行资源，网络用户自然不用长久地坚守某一种流行现象。基于此，一种现象一旦过了流行期便会迅速销声匿迹，迄今为止没有出现二度流行的互联网案例，这与现实世界流行风潮中经常出现的复古、怀旧风格完全不同。

需要说明的是，作为一种网络娱乐，互联网流行现象二元框架中的“投入”与网络游戏的“沉浸其中”是完全不同的概念，前者是指根据自己的喜好被动跟随和模仿，后者则是指按照自己的意愿主动创造和行动，这也是把互联网流行现象划为“旁观式娱乐”的依据。

二元框架加上互联网特性，造就了流行现象在互联网时代的发展趋势——流量化和平民化。

“流量”最早是一个物理学名词，根据百度百科的释义，指单位时间内流经封闭管道或明渠有效截面的流体量，后来逐步扩展到交通运输中的车辆流量、商场中的顾客流量、计算机网络中的数据流量等，娱乐行业中的流量指的是某个明星或者某个节目所吸引的粉丝数。“流量”本来是一个中性词，影视、音乐、曲艺、文学从业者劳动的主要目的是获取观众或粉丝，这是无可厚非的事情。而网络娱乐的“流量化”如今被赋予了贬义的色彩，特指“注意力经济”背景之下不择手段、唯流量是从的网络娱乐运营方式。网络娱乐的运营通常是市场行为，在逐利性的驱使下，众多的明星和娱乐内容为了获取公众的关注不择手段，极尽炒作、造假、低俗营销之能事，占据公共资源，败坏社会风气，破坏舆论环境，扭曲社会公众的价值取向，前文所述的微博热搜乱象就是来源于此。

从网络用户的角度来看，他们既无法分辨网络流行现象背后的种种套路和策略，却又很容易因为某个特质而投入某个娱乐内容中去，而忽视这个娱乐内容对于整体社会效益的危害，网络用户的这种盲目投入造成了互联网流行现象传播的混乱。同时又由于网络用户喜新厌旧的特性，流量是不稳定的，转瞬即逝，所以流量一旦形成，网络娱乐内容运营方便会千方百计地将虚拟的流量转化为实实在在的经济利益，从而导致更多不好的网络流行现象出现。

以最常见的娱乐明星为例，按照惯常的理解，一个娱乐行业从业者被观众熟知必然首先是因为他的作品受到了观众的喜爱，这是他成为社会流行现象的基石，没有这个基石，其他的一切便无从谈起。然而，“流量化”的网络流行现象催生了众多的流量明星，他们依赖现代整容、美妆和影像技术的身影频繁出现在各种综艺节目和商业代言广告之中，他们的一举一动连续霸占各种热搜的前列位置，或真或假的粉丝们组织各种接机、应援活动为之宣传打气、站台助威，他们俨然代表了流行现象的最前沿。然而如果去看他们本应赖以安身立命的娱乐作品，却实在是乏善可陈，或者他们压根就没什么作品，甚至还会有各种有违社会公德的负面新闻。这样的流量明星在背后资本的支持下借助于现代传播网络找到自己的观众群体，可以在一定的时间内获得可观的经济收益，但如果一直延续这种套路，就会犹如无源之水、无根之木，没过多久就会被观众遗忘，被其他的明星取代，这就是网络娱乐活动“流量化”特性产生的结果。

需要注意的是，虽然流量明星职业生涯的发展轨迹大致如此，但互联网的复杂性却会让情况出现反复，甚至出乎所有人的意料。网络娱乐内容的形式不断演化，新的策划创意、视听技术、舞美设计、宣传方式层出不穷，流量明星们有足够的空间和手段去吸引公众的注意力，延缓自己在大众视野中消失的速度，将“流量化”的特性发挥到极致，用更低的成本去获得更高的收益。对处于受者地位的网络用户来说，宝贵的时间成本和注意力成本很难不被流量明星占据，思维方式和对待生活的态度也很可能会被流量明星背后的功利和浮躁的逻辑影响，这不能不说是互联网带来的不良后果之一。

还有一个让人迷惑的问题是，对于背后有天量资本资源的扶持、在社交媒体上拥有几百万甚至几千万关注度、一举一动都能霸占热搜榜首的流量明星们，观众们的真实态度到底是怎样的？这样的态度会导致什么样的行为？或者更具体一点，一部主打流量明星的影视娱乐作品投入市场，能够获得的经济收益会因为流量明星的加入实现多大程度的提高？是否可以因为流量明星的缘故而降低甚至无视观众对作品质量的要求？一个最简单的逻辑是，如果一个顶级流量明星主演了一部电影，他或她在社交媒体上拥有5 000万粉丝，假设其中有1 000 万粉丝是真正的网络用户，这其中又有50%也就是500万用户愿意买票进电影院去支持自己的偶像，按照每人37元的票价（根据艾媒数据中心的数据，2019年我国平均电影票价是37元，2020年和2021年持续上涨）计算，单纯的粉丝票房累计将达到1.85亿元。

按照这样的方法计算，请流量明星来演电影似乎是一笔很划算的买卖，也确实有影视公司因此而获得了可观的收益，由流量明星担纲的《小时代系列》《致青春2》《有一个地方只有我们知道》都收获了不错的票房成绩。然而，就在所有人都以为已经找到了“流量明星＋地毯式轰炸宣传＝高票房”的财富密码的时候，形势却又突然发生了一百八十度大转弯，众多主打流量明星的电影再也没有一部获得市场的认可，反倒是出现了不少口碑和票房双输的反面典型。这些电影的共同特点是，流量明星的参演是其最大的卖点，上映前的宣传与上映后的市场反馈形成鲜明的反差，这种反差甚至成为网络上的爆款话题，其热度远远超过了电影本身。在这种情况下，网络用户批评甚至嘲讽的焦点自然而然都会落在流量明星身上，但在铺天盖地的指责之下，也会有相对理智的观众认为单纯地把问题归因于流量明星是不公平的，电影的其他主创人员、出品方、媒体，甚至观众本身都负有不可推卸的责任。

对于流量明星及其参演的电影，观众们的心态大致可以分为4个阶段。电影上映之前，面对电影出品方大制作、大明星的宣传攻势，观众们产生了巨大的好奇心和观看欲望，这既可以保证一定数量的票房，又为后来的舆论反转埋下了伏笔。电影上映之后，第一批观影的观众对电影质量极为不满，采取观望态度的观众也因此不再买票进场，甚至庆幸自己没有“踩雷”。随后，事件进一步发酵，所有人的注意力都聚焦到了最有话题度的明星身上，即便没有看过电影的人也不妨碍在网上吐槽和调侃。最后，观众们逐渐认识到电影拍得烂并不仅仅是某个明星的原因，舆论也从对明星一边倒的批评逐步转向探讨流量明星的使用与电影本身制作水平的关系。但毋庸置疑的是，“流量明星＋地毯式轰炸宣传＝高票房”的模式已经完全被颠覆，“粉丝票房1.85亿元”这样的计算方法也已经被证明是完全不现实的。

流量明星主演的电影的观众群体可以简单划分为粉丝和普通观众两部分。即使考虑到资本力量的营销、粉丝统计数据的虚假和夸大，也不可否认的是，那些占据大量网络传播资源的流量明星确实拥有数量可观的粉丝群体，但对于“进电影院看电影”这种需要付出真金白银的支持行为来说，其心理和行为逻辑与单纯付出关注和喜欢就可以实现的支持行为是不一样的。就看电视剧来说，大多数电视剧在首播时都是免费的（当然也有付费的超前点映，但即使不付费也不影响晚一些观看），粉丝可以为了流量明星疯狂追剧，还可以通过弹幕、社区等手段与志趣相投者互动，充分表达自己对明星的喜爱和支持，这些行为在个人独处的时候就可以完成，再经过视频平台和社交网络的汇聚和放大，成为明星流量的源泉。“去电影院看电影”则是另一种消费场景，不但需要付出门票、交通、餐饮、时间等成本，还要考虑电影院的社交属性，这些因素都大大提高了粉丝看电影的门槛，电影与电视剧在消费场景上的差异对粉丝观众来说是一种筛选的机制，在多数情况下，粉丝会更倾向于选择低门槛的方式来支持自己喜欢的明星。而对于普通观众来说，他们虽然会对一部电影的营销宣传和明星效应感到好奇，但更看重电影本身的质量以及能带给自己的感受，而这正是绝大多数流量明星电影所缺乏的，所以在经历了无数粗制滥造、只靠流量明星噱头营销的电影的摧残之后，作为观影主体的他们已经有了免疫力，甚至会有一种先入为主的观念，认为那些主打流量明星的电影必然是烂片，最好的选择就是无视天花乱坠的宣传轰炸，根据口碑和评论选择观看与否。当然，并不是说流量明星就不能演电影，流量明星所引发的社会关注对电影的发行上映来说确实非常有利，但想要真正吸引观众进场，电影本身的质量才是基础，流量明星所起的作用只能是锦上添花，而无法雪中送炭。

归根到底，不管是粉丝还是普通观众，对于流量明星所持有的态度和采取的行为仍然是基于利己的心理。粉丝虽然是流量明星们流量的来源，但他们也都倾向于用更低的成本表达对流量明星的喜爱，以此来获得愉悦感、满足感、代入感；普通观众虽然对流量明星没有特殊的感觉，但也会在流量明星的光环中获得猎奇的乐趣，会对明星本身和粉丝群体冷眼旁观甚至嘲讽，从而彰显自己在审美和品位上的优越感。如此看来，依靠数据造假、炒作和恶意营销产生的流量同样可以给网络用户带来快乐，但这种快乐不是来自对高质量娱乐素材的审美，而是来自粉丝对流量明星的那种近乎小孩子爱惜心爱的玩具般不成熟的宠溺，以及普通观众追求低级趣味的审丑。但粉丝的心态会成熟，兴趣会转移，口味会腻烦，普通观众的注意力更是会随时被其他的人或事吸引，所以建立在这样基础之上的所谓顶级流量注定是短暂、脆弱的，真正的流量基石应该来自对娱乐素材本源的耕耘和产出，拥有高质量文艺作品的明星本身就自带流量，同样能够在互联网上掀起流量风暴。

2019年，著名音乐人周杰伦新一轮的演唱会开始售票，门票瞬间就被一扫而空，在南京的两场演唱会开票后不到1分钟就全部售罄，济南演唱会开票不到15秒便全部售罄，显示出其超强的市场号召力。就在这时，一个“周杰伦微博数据那么差，为什么演唱会门票还那么难买”的话题出现在网络上，发起话题的似乎是日常关注微博热搜、对周杰伦没有特别感觉的年轻网络用户，一石激起千层浪，瞬间引发了一场围绕老牌偶像周杰伦的流量战争。

确实，当时周杰伦没有微博，“周杰伦超话”在微博超话明星榜的排名也一直在300名开外，与当时霸占超话榜首的顶级流量蔡徐坤形成了强烈的反差，这也难怪年轻的网络用户会发出这样的疑问。听着周杰伦的歌长大的众多80后和90后网络用户普遍已经成家立业，有经济实力也要面对生活的各种压力，他们虽然会花钱去看电影、看演唱会，却普遍都不会每天花费大量的时间和精力去帮助偶像进行网络打榜。但是在这个话题的带动下，这些歌迷行动了起来，从学习超话教程、控评文案等打榜手段入手，全力为周杰伦打榜，与霸榜的蔡徐坤粉丝展开“超话争夺白刃战”，最终“周杰伦超话”以打破微博纪录的方式登顶榜首。相比于当红流量明星的热度，为周杰伦打榜的活动具备极为强烈的“群众色彩”，众多自嘲为“叔叔”“阿姨”的中年网络用户全身心地投入一项青少年用户经常参与的网络活动中去，这一切的基础就是周杰伦拥有众多优秀的音乐作品，带给了网络用户们持久的感动和快乐，他们在打榜活动中可以找到自己的青葱岁月。

整个事件的核心是，在“成名要趁早”的互联网流量江湖中，80后、90后歌迷通过最具流量化的方式，把自己当年的偶像推向流量化的顶峰，而这位偶像已经不再年轻，在流量明星们的粉丝看来除了有很多作品之外似乎毫无炒作和营销的价值，也就不具备形成流量的特征。这样的活动当然不是80后、90后歌迷的生活常态，但也说明了身处互联网的世界，流量化的影响无处不在，即使是那些心智已经很成熟、看惯了互联网流行现象潮起潮落的网络用户，也会在不知不觉之中陷入流量化的风潮之中，对于流量明星的鄙视和嘲讽让他们在每天的工作、生活压力之余拿起手机，投身于一场具有行为艺术特征的情怀保卫战，整个事件最终演变成了一场流量感爆棚的互联网狂欢。

当然，不同年龄段的网络用户有着不同的喜好，这也是客观事实，并不是所有人都接受周杰伦，他作为歌坛新人刚刚出道的时候同样引起了巨大的争议，这都无须苛责。正如《人民日报》微博账号在评论周杰伦打榜事件中所说："两名艺人各自拥趸的较劲，虽是娱乐'游戏'，却映射了时代征候。这不是代际冲突，更无关价值观断裂，而是一场联合致敬，寻找内心深处的寄托。一个时代有一个时代的偶像，一个群体有一个群体的向往，向美好看齐，夯实审美坐标，岁月就无法带走我们的乡愁和坚守。"

互联网流行现象的另一个趋势是平民化。互联网人人可连接、人人可创作、人人可传播的特性改变了传者与受者的地位对比，传播媒介实现了由精英化向平民化的转变，受者的影响力和话语权得到了空前的加强，而且传者与受者之间不再像以前那样泾渭分明，各种长短视频、公众号、小说、博客使得普通人也有机会被万千人熟悉，成为影响力巨大的传者，这种成名模式也就是所谓的"网络红人"模式，简称"网红"。

"网红"由来已久，存在于互联网的各个发展阶段，而且种类繁多，有依靠网络文学起家的安妮宝贝、痞子蔡等，依靠特色照片出名的芙蓉姐姐、犀利哥、奶茶妹妹等，依靠奇葩事迹出名的凤姐、偷电动车的周某某等，利用互联网展现才艺的 papi 酱、冯提莫、李子柒等，甚至还包括因为影视作品片段和截图被网络用户再创作而实现另类跨界的唐国强、张学友这样的传统明星。真正能体现互联网流行现象"平民化"特征的，是那些本来默默无闻，也不具备文学、影视、才艺等传统明星赖以生存的基础素质和作品，却因为某一个瞬间的状态被广为传播从而满足某些网络用户某种心理需求的网红。

2020 年年底，一个被定位为"普通人"的藏族少年丁真仅仅因为一张照片就突然成为人们热议的对象，爆红的丁真拍广告、上晚会、参加综艺节目，不断地出现在人们的视线中，部分网络用户自发地或者被动地认为这样的形象代表了自然、纯真、无忧无虑的生活状态，与自己需要面对的生活压力形成了鲜明的对比。但也有很多用户认为，丁真不但毫无出众之处，就连基本的文化涵养、技能素质都存在疑问，这种莫名其妙的蹿红背后必然有各种幕后力量的推动和经济利益的关联，是一种市场营销行为。随着丁真的各种经历和负面信息被逐渐披露，越来越多的人终于认识到整个事件不过是一场精心策划的营销，在逆反心理的作用下，众多网络用户开始传播丁真的各种恶搞图片，以表达对这种披着“平民”外衣、贩卖纯真情怀的商业行为的不满，他们甚至认为这样的走红方式是对普通人的人生意义和价值的冒犯。

无论结局如何，“丁真”事件产生的基础正是互联网时代流行现象逐渐“平民化”的趋势，这样的趋势将“丁真”这样在传统传播媒介下几乎不可能成为传者的个体变成了网红，并将其推到了互联网流行现象的前沿。此类网红的存在证明在互联网媒介的作用下，受者成为传者的可能性大大增加，而且路径也更加丰富，普通人的任何一个特征都有可能在短时间内获得海量用户的关注，哪怕这个特征是低级的、幼稚的、被传统媒介所不容的，甚至是有害的。在商业社会中，“成名”几乎可以与经济利益画等号，“普通人丁真”依靠“平民化”特征成名的商业模式并不新鲜，而且完全可以复制。于是，众多良莠不齐、真假难辨的视频图文凭借着短视频 App、自媒体、社交软件在互联网世界中大行其道，它们的制造者希望借此获取其他用户的关注而一夜成名，甚至衍生出了“网红学院”“网红公司”等进行专业化运作的商业机构，这种行为与流量明星及其利益相关者对“流量”的追求在本质上是一样的。

“网红”成为一个互联网现象，一方面反映了人们在榜样示范效应下的行动倾向，另一方面也反映了人们对于小概率事件普遍存在的“幸存者偏差”。榜样的传播会激起受众群体的模仿欲望，催生出模仿的行动，从众心理又会促使模仿的行为在群体中扩散，最终形成由点及面的带动作用，在社会群体中产生示范效应。但是从个体的角度来看，普通的网络用户在看待网红现象时只是看到了经过某种筛选而产生的结果，却无法看到或者在内心里有意忽视筛选的过程，因此就无法认识到网红产生的极低概率及其背后的各种推动力量，这种只看结果却忽略过程的认知缺陷便是“幸存者偏差”，它使得普通用户站在幸存者的视角认为成为网红是一个大概率事件或者很简单的事，这其中的原理与导致计划外网络购物快感的“易得性启发”有相似之处。榜样的示范效应与幸存者偏差交替作用给有志于成为网红的网络用户带来心理上的高期望，而这种高期望很容易被残酷的现实击碎，由此产生的落差会带给网络用户巨大的心理冲击，从而增加了网络用户行为的不确定性，导致各种网络乱象出现。

2021 年，来自山东省临沂市费县的程运付在农村大集上卖拉面，因为顾客拍摄的一段短视频而迅速走红网络，他 15 年来坚持在农村大集上卖 3 块钱一碗的拉面，从未涨价，每一碗拉面的利润只有几毛钱，被人们称为“拉面哥”。这样的事件具有一定的积极意义，能够让更多的网络用户了解普通人在生活面前的坚守和质朴，以及被互联网浮华面具掩盖的活生生的社会百态。随着“拉面哥”的走红，越来越多的人来到“拉面哥”所生活的梁邱镇马蹄河村，希望能一睹他的真面目，最高峰的时候这个 1 000 多人的村子竟然涌入了 3 万多人，其中包含 3 000 多名网络主播。毫无疑问，这 3 000 多名网络主播都是怀揣着“网红”梦的普通人，他们唯一的目的就是借助于“拉面哥”的人气来获取网络用户的关注，增加自己的流量。

在生物学上有一个概念叫作“鲸落”，指的是鲸鱼死后沉入海底，尸体为众多的生物提供了赖以生存的养分，最终发展成一个生机勃勃的生态系统，其延续的时间甚至可以长达上百年，是名副其实的深海生命绿洲。“拉面哥”的成名和慕名而来的众多网络主播组成的系统与“鲸落”非常相似，“拉面哥”的人气不但可以为其他主播带来最直接的流量，还提供了一个平台，在这个平台上众多主播聚集在一起互动，影响力得到了汇聚和放大，甚至这么多主播的聚集本身就是一个备受瞩目的网络事件。

从网络娱乐的角度看，“拉面哥”的聚集效应似乎是一件好事，但在这个过程中，网络主播为了获得流量无所不用其极，他们不但不分日夜地包围“拉面哥”的家，严重影响了村民的日常生活，还用各种卖丑恶搞、低俗无聊的表演来博取关注，不但拉低了互联网世界的审美标准，甚至形成了一种让人难以直视的精神污染。一个本来应该像“鲸落”那样的良性生态系统最终变成了一场群魔乱舞的闹剧，本来充满社会正能量的“拉面哥”成为被消费、被猎取的流量工具，在利益驱使下对流量的追求导致了梦想成为“网红”的主播们进行了无底线的低级表演和营销。最终，“拉面哥”的网络热度消失，主播们四散而去，又去寻找下一个目标。这样的事件虽然并非互联网世界所独有的现象，但互联网的传播可以大大增加“网红”负面效应的传播速度和传播范围，造成比传统媒介下更大的社会负面影响。

第四节　再创作 UGC

网络游戏是完全沉浸式的网络娱乐，用户参与其中可以获得与现实世界完全不同的生活体验，以网络流行文化为代表的娱乐活动是完全被动式的网络娱乐，用户作为传播网络中的受者接受传者的影响而获得娱乐体验，同时有可能借助于互联网的力量把自己变成传者。网络用户向传者的转变有多种模式，统称为用户创造内容（UGC），像短视频用户自编自导短视频、网络文学爱好者主动去写小说这样的方式属于完全创新的 UGC，还有一种模式是，网络娱乐的基本素材是由别的传者创造的，但在传播过程中，作为受者的网络用户对其进行重新塑造和挖掘，产生了新的娱乐特质和传播特征，可以将这种模式定义为再创作 UGC。

从古至今，文化娱乐内容的创作都是一个“发散”和“集中”交替演进的过程。《诗经》的具体作者已经不可考证，可以理解为西周初年至春秋中期（公元前 11—前 6 世纪）不同阶层创作者的集体创作，后经过尹吉甫的采集和孔子的编订变成了完整的文学作品，流传后世后又被应用于各式各样的文艺作品之中，例如，1964 年好莱坞影星奥黛丽·赫本（Audrey Hepburn）主演的电影 *My Fair Lady* 在引进我国时就被翻译成了《窈窕淑女》，“在水一方”也多次出现在现代流行歌曲之中。与三国相关的故事素材早在唐代时就已广为流传，到了元末明初，罗贯中以《三国志》为依据，综合历朝历代的故事、传说、杂剧、平话进行艺术创作，最终完成了《三国演义》这一个超级

IP，在社会网络中成为一个拥有巨大传播广度和时间跨度的“传者”，如今有数不清的戏曲、书画、评书、影视、游戏、漫画、文学作品都取材于《三国演义》，这使其具备了全球性的影响力。社会发展过程中各种文化元素的产生是发散的，而吸取前人的经验进行创作是集中的过程，作品被传播、改编、再创作，则又是发散的过程，二者交替往复，衍生出丰富的文化娱乐内容。

网络娱乐的“再创作”通常属于文化娱乐内容由“集中”到“发散”的过程，即庞大的网络用户群体以互联网为媒介和工具对已经成型的内容进行重新发掘和塑造，使之成为新的娱乐活动，甚至出现新的流行现象，电影《大话西游》及其相关内容的流行就是一个典型的例子。

《大话西游》是由香港导演刘镇伟执导，周星驰、朱茵、吴孟达、莫文蔚等主演的电影，于1995年在中国内地和香港上映。电影的角色诸如孙悟空、唐僧、猪八戒、牛魔王等虽然来源于《西游记》，但整部影片的情节和人物关系都与《西游记》大相径庭，更像一个披着《西游记》外衣的爱情故事。也许是这种演绎和改编在当时的社会环境下很难被接受，再加上影片分为上下两部，割裂的剧情对于观众的理解很不友好，影片上映后不但票房惨败，而且口碑极差，电影业内人士更是对其嗤之以鼻，称之为“文化垃圾”。

1996年，《大话西游》从北京电影学院开始在北京高校大学生群体中逐渐流传开来，年轻群体更容易接受这种稍显前卫的表现形式。但是，如果是在传统媒体时代，小众群体的欣赏根本无力与主流观念进行对抗，幸运的是《大话西游》遇到了互联网。在那个互联网刚刚兴起的年代，影响力极大、引领网络潮流的清华大学BBS“水木清华”成为《大话西游》口碑逆袭的策源地，大量的大学生在上面讨论电影的剧情、台词、角色、爱情，并将电影中的场景扩展到生活的方方面面。这种风潮很快从“水木清华”扩展到了其他高校的BBS和整个互联网世界，通过全方位的解构和创新衍生出众多的“梗”、段子甚至小说，给电影赋予了新的生命力，《大话西游》成为中国互联网发展史上一个重要的流行符号。

在《大话西游》的传播体系中，电影出品方、导演、编剧、演员是传者，包括大学生在内的观众是受者，但受者并不是单纯地接收信息满足自己的娱乐需求，而是进行群体性的再创作，从而造就了《大话西游》在不同时间、不同领域的逆袭。时至今日，用户依然可以看到那些再创作的作品，但绝大多数已经无法印证到底谁才是第一作者，这是一个集体创作的过程。在互联网的世界里进行集体创作，这正是再创作 UGC 的核心特征，而这种创作并没有特定的时间限制，也许是实时的，也许是延时的，时间跨度也许会很大，几百上千年之前的文化素材同样有着被再创作并流行的可能。而且，再创作 UGC 有多种不同的表现形式，“弹幕”就是其中之一。

“弹幕”源于军事术语，指密集枪炮同时射击的时候火力犹如幕布一样遮天蔽日，可以拦截对方的攻击。在视频网站上，用户在观看视频时可以在视频界面发表自己的评论，评论的文字通常是从右往左移动的，字体、颜色和字号有所不同，当评论达到一定规模时就会布满整个屏幕，与战争中的火力齐射有相似之处，经过动漫爱好者的传播，“弹幕”这个军事用语被移植到了视频网站上，成为一个网络常用语。如今，弹幕已经是众多视频网站的基本功能，范围也从最早的动漫扩展到了短视频、综艺、影视等几乎所有的娱乐内容。

观众发弹幕也许是想表达自己对于视频内容的观点，也许是对其他观众所发弹幕的反馈和回应，还可能只是单纯地想凑热闹。观看视频本来是一种完全被动接收的行为，是一种非常个人化的娱乐方式，但人的社交需求使得绝大多数观众都有潜在的关于视频内容的交流欲望。举一个简单的例子，小学生们在看完自己喜欢的动画片后，第二天会在学校里跟同学们兴高采烈地讨论内容，这种行为在每个人的童年时代几乎都出现过。互联网出现之后，网络用户们可以在各种形式的论坛上讨论感兴趣的话题，并且形成了基于兴趣爱好的虚拟社群。弹幕与论坛的不同之处在于，弹幕通常不会体现发送者的身份标签（系统 ID 或者网名），在这种情况下，用户的个人特征被最大限度地消除，这样的设置使得观众把注意力更多地集中于弹幕的内容，而不是弹幕的发送者上，同时，弹幕时刻处于运动状态，彼此之间无法实现像论坛那样的便捷互动。没有身份标志，互动程度低，这就决定了弹幕无法像论坛那样形成虚拟社群，但这并不代表弹幕不具备虚拟社群的传播功能。

弹幕的出现使得观众获得了以极低的成本表达自己观点的工具，而且这种工具直接作用于视频本身，观众在观看画面的同时可以直接看到别人的评论，容易产生共鸣，因而具有极强的感染力。从表达和评论的角度来看，弹幕与古代文学作品中的“批注”很相似。阅读《金批水浒传》，既要看施耐庵的文章，又要看金圣叹的批注，相得益彰；同理，一边看视频内容，一边看其他网络用户的弹幕评论，犹如与多个“金圣叹”一同对视频进行评头论足，正所谓“独乐乐不如众乐乐”，这是只有在互联网时代才能体会到的娱乐乐趣。

从心理需求的角度来分析，处于社会网络中的人都有交流的需求，虽然有些人的交流需求看起来很少，甚至没有，但其实也只是交流需求的表现形式不同而已。以如今广泛存在的“宅”现象为例，越来越多的人（尤其是年轻人）在生活的压力之下产生了所谓的“社交恐惧症”，相比于参加群体活动，他们更倾向于待在私人空间度过可以由自己掌握的时间，但“宅”起来的人们并不是断绝了与外部社会的联系。在大多数情况下，一个整天宅在家里的年轻人很可能是网络游戏沉迷者、网剧爱好者、网购成瘾者或者网络直播的忠实观众，互联网所提供的各种娱乐活动就是他们能够“宅”起来的重要资本，而这些活动的本质特征就是互动和交流。在这种情况下，原本属于一个人的观看行为变成了多人的集体狂欢，观众在计算机前和手机前获得了类似于在电影院里的热闹体验，从而获得“于我心有戚戚焉”的心理归属感。

更重要的是，弹幕的内容极具个人特色，观众可以对视频内容进行个性化的解构，如果能够引起其他人的兴趣，则很快就会被模仿和重复，并且有可能被传播到更大的范围，成为网络世界中的“梗”，而原来的视频内容也因为这种解构和传播获得了新的生命力。

20 世纪 80 年代末到 90 年代初，中央电视台先后将《西游记》《红楼梦》《三国演义》《水浒传》搬上了电视屏幕，这 4 部代表了当时中国电视剧最高水平的作品以其优秀的制作品质产生了极大的社会影响，成为中国电视剧历史上的经典之作。进入互联网时代之后，技术层面已显老旧的央视版四大名著却并没有因为年代久远而沉寂。2020 年，以 ACG〔动画(Animation)、漫画(Comics)、游戏(Games)〕文化创作和分享起家、覆盖多个兴趣文化圈层、聚集众多Z世代(指生于1995—2009年、深受电子产品和互联网影响的人)的视频网站哔哩哔哩获得了央视版四大名著的版权,该网站的用户可以免费观看并发送弹幕进行评论。弹幕文化是哔哩哔哩的特色之一,众多从小受到互联网文化熏陶的Z世代用户们充分发挥了年轻人天马行空的想象力,使哔哩哔哩的弹幕无论在表现形式、内容创意还是影响范围上都达到了业内领先,甚至成为一种属于年轻人的文化符号和流行风潮,对很多人来说,在哔哩哔哩与在其他视频平台上观看同样内容的最大区别就在于弹幕。当央视版四大名著在哔哩哔哩上线之后,也成为弹幕文化的辐射对象。

弹幕的内容首先是怀旧情绪的宣泄。怀旧是一种几乎所有人都会存在的心理,出生于苏联的斯维特兰娜·博伊姆(Svetlana Boym)博士在其著作《怀旧的未来》中将怀旧行为分为两大类,即试图重现原有事物、观念或习惯的修复型怀旧和在头脑中进行重构的反思型怀旧。作为我国流传范围最广的电视剧集,四大名著可以说陪伴了一代又一代国人的成长,哔哩哔哩的用户也不例外,如今他们已经长大成人,生活、学业、工作的压力接踵而至,儿童时期看过的电视剧成为他们释放压力、怀念过去的窗口,这是一种修复型怀旧。更重要的是,在这里可以遇到很多有相同经历的人,彼此之间通过弹幕进行交流,讲述小时候看这些电视剧的经历和感想,强烈的共鸣将个体的情感融汇成群体的情绪,形成反思型怀旧。在这里,弹幕如同催化剂一般,使娱乐行为与怀旧心理需求产生更复杂、更高级的化学反应。

此外,弹幕还会聚焦于剧情、人物、场景等电视剧本身的元素。央视四大名著电视剧的年代虽然久远,但老一辈电视剧制作人员精益求精的创作态度对于如今的年轻观众仍然具有不可小觑的吸引力。观众们会通过弹幕评论《三国演义》的宏大场面和演员们高水平的台词,热议《西游记》里当年没有关注到的女妖精们的表演和极具感染力的音乐,赞叹《红楼梦》里华丽服饰的精美和选取角色的专业,感受《水浒传》对宋朝世俗风貌的高度还原和朴素天然的年代感。事实证明，像央视四大名著这样的高水准影视剧对于新、旧观众来说都是不可多得的娱乐素材，久远的年代不会阻隔用户对高质量文艺作品的欣赏和青睐。

除了怀旧和对电视剧本身的欣赏，弹幕的内容还包括基于电视剧内容的搞笑类演绎，甚至可以说这才是弹幕最主要的内容，也是弹幕娱乐功能最集中的体现。此类弹幕的核心在于“搞笑”，而“搞笑”来自严肃正剧与网络娱乐相结合所造成的反差效果。例如，在《三国演义》开始，刘备初次遇到关羽和张飞的时候，观众会从网络游戏的角度进行解读，发送诸如“玩家刘备获得特级超稀有（Superior Super Rare，SSR，指卡牌类游戏中供玩家选择的最高级角色）级武将关羽、张飞”之类的弹幕，这样的说法对于没有游戏经历的人来说可能不知所云，但经常玩游戏的年轻用户看到这样的弹幕却会心一笑。对于“桃园三结义”的片段，在刘备和关羽的大段台词之后，张飞眼含热泪一脸严肃地说“俺也一样”，这本来是电视剧表现张飞直爽性格的处理手法，但这样的前后对比在年轻用户的眼中却充满了喜剧色彩，一时间屏幕上充满了“俺也一样”的弹幕，还有“吃了没文化的亏”这样的戏谑之语。《红楼梦》里当“刘姥姥一进荣国府”的标题出现的时候，屏幕上充满了诸如“刘姥姥三打祝家庄”“刘姥姥拳打镇关西”之类的恶搞弹幕，而在“王熙凤协理宁国府”的片段，弹幕中又会出现“996”“企业晨会”“团队建设”等反映当代上班族真实经历的内容。

搞笑弹幕之所以能够成为最主要的弹幕内容，最核心的因素是年轻用户在面对传统经典作品的时候首先需要的是更加轻松快乐的氛围，他们更倾向于按照自己的思维方式和生活经历来对其进行更友善的解读，否则的话他们便会对其敬而远之。在这个过程中，互联网用户想象力丰富、叛逆、敢于挑战权威却又对现实无可奈何的固有特征贯穿其中，因而使得搞笑类弹幕充满了群体性的创意、热情和自嘲，并且与其他平台的相关内容形成共振和互动，成为互联网娱乐中“再创作”的典型现象。例如，在网络用户的集体演绎之下，众多出自央视版《三国演义》的画面被做成了短视频、表情包并广为流传，如“诸葛亮骂王朗”、张飞的“俺也一样”、“诸葛亮哭周瑜”、“华容道曹操大笑”等，每当这些画面出现时，哔哩哔哩中用户的弹幕就会犹如瀑布一样涌出，甚至遮盖住视频本身，而扮演诸葛亮的唐国强更是在无意之中成为网络用户心目中的“网红”，其风头甚至比他年轻时候还要强劲，这样的局面也反映了此类娱乐素材在互联网中的传播广度和影响力度。

有一种观点认为，网络用户发送弹幕的行为是对互联网工业化设计喧嚣的盲从，而不是真正的自由表达与艺术创意，这当然有一定的道理，毕竟在影响互联网世界运行的系统架构、算法、资本操纵、流量引导面前，作为个体的网络用户是渺小的，他们的思维方式、关注点会在不知不觉中脱离自己的掌控，而陷入各种精心构筑的“设计”之中。但“再创作”的意义在于，网络用户可以借助于像弹幕这样的平台发声，使原有素材的内涵更加丰富，看似无力的个体汇聚在一起之后就会变成无形却有力的汪洋大海，用独辟蹊径的行为模式改变网络娱乐的形态。

类似的情况还有很多，如制作和发布短视频的用户或者利用其他娱乐素材进行再加工的所谓“UP 主（Uploader，源于日本的网络称呼，指在各种平台上传视频、音频文件的人）”。制作短视频和对娱乐素材进行再加工需要一定的专业能力，对于内容选题、创意设计的要求比较高，付出的成本远高于发送弹幕，这样的特征似乎与“再创作”娱乐活动亲民、简单易上手的风格不太相符，但随着软、硬件工具的日益完善，技术层面的壁垒在逐渐降低，参与其中的网络用户越来越多，形成了一个庞大的创作群体，所以尽管一些作品的制作水平很低，甚至可以用拙劣来形容，但当这样的作品达到一定的规模之后，其传播范围和影响力是不容小觑的，这个群体所秉承的“人人都是创作者”的态度与互联网世界开放、共享、平等的精神内核具有很高的契合度。

但是，一个无法回避的问题是，“再创作”的过程必然会产生版权方面的纠纷，这包含两种情况：一种情况是原作者的视频、小说、艺术设计等创作内容被其他网络用户模仿、抄袭，形成网络用户之间的侵权；另一种情况是网络用户在没有授权的情况下将影视剧等文艺作品中的片段进行剪辑、改编并发布，构成了 UP 主对其他文艺创作者的侵权。第一种情况在互联网时代之前就已存在，因而也有相对成熟的应对办法，除了国家颁布的法律法规，相关的互联网平台也从保护自身核心竞争力的角度采取了各种措施。例如，在2021年10月29日，哔哩哔哩推出了“UP主版权保护计划”，为个人创作者提供跨平台侵权稿件检测以及一键维权等功能。第二种情况则是互联网时代的特色产物，2005年由陈凯歌导演的电影《无极》上映，但很快就被一名网络用户胡戈通过剪辑、配音等手法进行了恶搞，制作成了短视频《一个馒头引发的血案》，在当时的互联网中产生了极大的影响，并且由此引发了法律诉讼和大量的社会关注。2021年6月1日起，新《著作权法》开始正式施行，进一步明确了对此类行为的规定，既肯定了网络用户的编排和解说所体现出来的智力劳动成果，能够被视为《著作权法》意义上的作品，更强调了对原作品著作权的保护，网络用户在再创作过程中使用他人作品的不得损害原作品的著作权。2021年12月15日，中国网络视听节目服务协会发布了《网络短视频内容审核标准细则(2021)》，对2019版《细则》进行了全面修订，其中第93条规定，短视频节目等不得未经授权自行剪切、改编电影、电视剧、网络影视剧等各类视听节目及片段，这也就明确了针对此类问题的处理态度。

第五节　娱乐形态的改变

娱乐是人们最基本的生理需求之一，人人都需要娱乐，因此网络娱乐不但是互联网最重要的功能之一，而且已经成为人类社会活动的重要组成部分。娱乐活动的形态会随着技术的进步持续演进，正如历史上曾经发生过的广播、电影、电视所带来的娱乐革命一样，娱乐活动的网络化已经成为无法扭转的趋势。这种趋势与网络用户的行为和心理之间是互相影响的关系，在二者的交互作用之下，相关行业的业态发生改变，甚至整个社会群体的行为和感知也会受到影响。

Steam(中文版名称为“蒸汽平台”)是美国著名的游戏公司 Valve 开发的一款位居世界前列的综合性数字游戏软件发行平台,其设计者是比特流(BitTorrent,BT)协议发明者布拉姆·科恩(Bram Cohen),玩家可以在平台上购买游戏和软件,并进行下载、讨论、分享,而游戏厂商也可以直接上传游戏并在线更新,还可以有效地避免盗版行为。截至 2019 年年底,Steam 的月活跃用户数量增长至近 9 500 万,游戏时间超过了 200 亿小时,同时在线人数高峰期时达到 1 500 万,而到了 2020 年年底,同时在线人数已经突破了 2 400 万。平台开发者 Valve 公司原本是一家传统的游戏开发公司,其作品包括著名的《半条命》及衍生作品《反恐精英》《求生之路》《DOTA2》等,但在发展过程中,公司开始转型,Steam 平台大获成功就是转型的结果。目前,Steam 这样的平台模式逐渐成为业界主流,腾讯公司也整合了内、外部的游戏资源,于 2017 年上线了 WeGame 平台,为游戏厂商和用户提供一站式服务。这种模式是建立在对网络娱乐发展方向和用户心理精准把控的基础之上的,核心逻辑就是玩网络游戏的用户需要一个综合性的网络平台来方便快捷地获得游戏,并与其他的用户进行交流互动,即实现“网络游戏的网络化”,而不是像以前的用户一样通过实体店排队、网购甚至复制盗版来获得游戏,这就是互联网影响整个游戏行业生态的一个重要表现。

除了影响特定的行业,网络娱乐还会影响整个社会群体的行为和感知,一个明显的例子就是节日娱乐活动的网络化趋势。节日是社会运行过程中特定群体对某种情感的集中表达和释放,经常会伴有各种各样的娱乐活动。以我国最隆重的节日春节为例,在现代中国人的集体记忆中,中央电视台的春节晚会是一个绕不开的娱乐话题,自从 1983 年正式与观众见面之后,伴随着电视的普及,影响了数以亿计的受众群体,甚至成为过年的重要文化符号和“新年俗”。但是,社会的发展带来了更多的娱乐选择,不同地域、年龄、阶层观众的兴趣和态度开始出现分化,原本聚焦在央视春晚上的社会关注不可避免地被分流,同时对其形式保守、内容陈旧、脱离时代的批评也逐渐增多,其社会影响力与 20 世纪 90 年代的巅峰时期不可同日而语。在这种局面下,央视春晚的主办方也在组织形式、内容创意等方面采取了有针对性的革新措施，尤其注重与互联网的结合，力争能契合网络时代的特色，满足年轻观众的需求。在 2015 年的除夕，作为赞助商的腾讯以央视春晚为平台成功实现了微信红包的病毒式营销，春晚微信摇一摇红包达到 110 亿次，发放红包 10.1 亿个，助力微信支付一跃成为与支付宝并驾齐驱的支付平台，该事件被后者称为"偷袭珍珠港"。在微信支付的成功示范之下，支付宝、百度、快手、抖音等互联网巨头也陆续与央视春晚合作，赞助费水涨船高，央视春晚与互联网巨头的合作成为传统娱乐项目网络化中的成功案例。当然也并不是所有试图网络化的春晚内容都能成功，如频频出现在央视春晚小品中的网络流行语，由于春晚固定在除夕播出，而网络流行语的传播则分布在全年的各个时间段，所以当网络流行语从演员们口中说出的时候大多数已经过了大范围流行的黄金期，熟悉这些流行语的观众会觉得尴尬、生硬，而不熟悉流行语的观众又无法理解其中的内涵，所以尽管演员们努力地想跟上所谓的潮流，但从实际效果来看往往适得其反，甚至引起观众的反感，以至于有一种说法，成功的小品演员把台词说成网络段子，失败的小品演员抄网络段子来支撑台词。

除了央视春晚，湖南、浙江、江苏、东方等各大卫视也都有自己的元旦跨年晚会和春节晚会，无一例外都采取了与互联网相结合的方式，但最具互联网特色的要算哔哩哔哩推出的跨年晚会。哔哩哔哩的跨年晚会始于 2020 年元旦，相比于其他的晚会，是不折不扣的业界后来者，但却实现了跨越式的增长。从 2021 年 1 月 1 日下午视频统计的数据来看，哔哩哔哩跨年晚会已经有将近 9 000 万次的播放量，是湖南卫视晚会的 3 倍、东方卫视的 4 倍、北京卫视的 25 倍，并且获得了用户的普遍好评。在跨年晚会的制作过程中，哔哩哔哩基于日常运营中对当代年轻观众娱乐心理的精准把控，极力突出互联网特色，这是哔哩哔哩跨年晚会成功的关键。

哔哩哔哩号称"最懂年轻人"的网站，它在内容上利用过去一年最受欢迎的剧集、综艺、流行梗和 ACG 元素精准打击观众的兴趣点，对流行巨星、虚拟偶像、日漫歌曲、欧美电影原声、中国传统艺术进行颠覆、平衡、再创造，全力在传统与现代、经典与新潮之间寻找平衡点，呈现给观众极具互联网风格的文化拼盘。整台晚会的主持风格、演员表演都强调自由和开放，并把这种自由和开放融入大型晚会的专业化制作当中，充分利用现代视听舞美技术强化表现效果，营造出既极具时代气息又平易近人的隆重与仪式效果。观众从这种经过提炼和升华的互联网特色中获得了一种很高级的亲切感，再配合哔哩哔哩最擅长的弹幕文化，进而获得了极佳的娱乐体验，在不知不觉之中接受了主办方的互联网娱乐营销。

Steam平台的快速发展、哔哩哔哩跨年晚会的广受欢迎源于网络用户对于娱乐活动网络化的需求，体现了互联网时代网络用户的群体兴趣偏好，但并不是说所有的娱乐方式都已经完全互联网化，央视春晚、卫视跨年晚会这样的传统娱乐节目在积极拥抱互联网的同时并没有放弃电视这样的传统平台，节目制作方借助于4K、8K高清视频等更加先进的转播技术使电视节目更加符合现代人的审美和收视习惯，一方面是为了减缓互联网娱乐带来的年轻用户的流失，另一方面是要更好地服务于仍然将电视视为重要娱乐方式的传统用户，尤其是中老年收视群体。这部分用户是融入互联网社会进程相对较慢的群体，在互联网的世界里话语权较弱，存在感不强，经常被年轻网络用户构成的互联网主流群体忽视。对于习惯了在互联网世界中生存的年轻人来说，电视是一种没有互动、缺乏选择、封闭落后的娱乐方式，似乎只有年纪大的人在看，而且这部分人也在越来越多地使用手机，家庭微信群里长辈们转发的各种链接就是最好的例子。这种观点在很大程度上要归因于以自我为中心的认知偏差，即在不知不觉中放大自己所处圈层的范围，理所当然地认为自己的认知已经覆盖了社会群体的绝大多数。殊不知对于年纪大的人群来说，通过计算机和手机来使用互联网确实可以提高生活的便利程度，也可以接触到各种新鲜有趣的信息，但由于受到体力、视力、思维方式等诸多因素的限制，不可能像年轻人一样把大部分的娱乐活动都搬到互联网上来，多年养成的看电视的习惯也并不会因此而改变，一边看电视一边看手机是生活的常态，二者并不冲突。

第六节 选择动机

在没有温饱压力的情况下，娱乐已经变成了人们的一种基本需求。人们选择一种娱乐活动主要基于3个方面的考虑：易得因素，指实现娱乐活动的便捷程度；成本因素，指付出成本的大小，其中成本包括时间成本、生理成本、经济成本、社会成本（如法律风险、家庭职责、社会关系等）；获益因素，指获得娱乐效果的好坏。

易得因素是网络娱乐活动的先天优势，随着5G无线网络、全光传输网络、千兆家庭宽带等现代通信基础设施的不断发展，无论是发展程度较高的城市地区还是相对落后的偏远地区，实现网络娱乐所必需的基础条件已经完全具备。同时，计算机、手机等终端的性能不断迭代，价格体系也更加优化，可以充分满足不同经济能力人群的需求。在这种情况下，用户获得网络娱乐所受到的限制大大减少，易得程度大大提高，几乎可以说是唾手可得。

成本因素比较复杂，用户对时间成本、生理成本和社会成本的感知不够敏锐，网络娱乐带来的时间消耗、身体状况恶化、家庭关系紧张等问题都是一个长期累积的过程，处于个体认知的盲区，虽然法律风险对用户来说是一个相对敏感的因素，但相关的法律监管措施更多的是针对网络娱乐运营方，用户作为网络娱乐的接受方面临的法律风险相对较低，因此对网络用户行为和心理影响最大的是经济成本。网络娱乐的经济成本浮动范围较大，用户既可以获得大量的免费娱乐内容，也可以选择支付额度不等的费用。尽管用户时刻面临着运营平台的消费诱导，网络娱乐的消费习惯也正在逐步被培育，有时会发生给网络游戏进行巨额充值或给网络主播巨额打赏这样的非理性消费行为，但总体来看，用户对于经济成本的敏感度非常高，他们还是更倾向于免费的网络娱乐活动。

获益因素最为直观，与读书、绘画、运动这些传统娱乐活动相比，用户从网络娱乐中获得的满足体验是最为直接的，也最符合普通人缺乏耐心的基本心理，似乎以电子产品为基础的娱乐活动都有这样的特点。更重要的是，网络娱乐的大范围流行使其成为一个重要的社交话题，网络游戏、热门网剧或者综艺会成为某个群体沟通的有力媒介，而对网络娱乐不了解的人就无法充分利用这种媒介，从而面临融入群体的困难。在一个由中学生组成的小团体里，学习成绩、家庭背景也许千差万别，但游戏必然是最受欢迎的话题之一，不会玩游戏的人通常会被视为“异类”。

网络娱乐内容的运营平台也正是从以上 3 个方面来进行客户拓展和绑定的。它们将自己产品的广告渗透于用户的所有生活场景之中，千方百计地扩大与用户的接触面，以不断升级的营销手段积极提高用户获得产品的可能性和便利程度。在运营过程中通常以极低的入门门槛来对用户进行初期培育，在价格体系的设计上充分强化免费用户和付费用户、低级付费用户和高级付费用户之间的差异，利用强烈的反差对比来刺激用户的付费欲望，甚至不惜采用违规违法的虚假宣传和资费陷阱来进行用户绑定和维系。此外，在严酷的市场竞争之下，运营平台不但对于娱乐内容的制作秉持着精益求精的态度，更是通过大数据和人工智能技术构筑起了一整套基于客户兴趣和使用习惯的推荐算法，力求为用户提供更加个性化的娱乐服务，实现效益最大化。

近些年盛行的手机短视频就充分体现了对以上 3 个方面的考虑。短视频的核心特征是“短”，其相比于其他网络娱乐活动的优势在于传播效果非常直接，用户的感受就是可以在最短的时间内以最简单的操作获得极为丰富的视听体验，同时还可以以极低的成本去拍摄、传播自己的作品，在娱乐的同时实现社交功能。短视频的产生和发展是社会运转节奏加快、网络用户追求“快餐化”娱乐方式的产物，在碎片化的时间里，用户的心理会表现出惰性、没有耐心、渴望直接的刺激等倾向，在行动上则是尽量避免冗长、烦琐、需要全身心投入的活动。基于这样的需求，短视频平台在大数据、云计算、人工智能等技术手段的帮助下设计了有针对性的定向推送机制，而短视频的制作者一方面在内容的选择上下功夫，不但聚焦于普遍关注的社会热点，甚至不惜通过“打擦边球”的方式去撩拨网络用户的低级趣味；另一方面在拍摄手法上不断迭代，在制作、传播、呈现、引流、反馈等全环节实现了对网络用户的深度捆绑。极光大数据的监控数据显示，2020 年 9 月以来，抖音平均日活用户为 4.08 亿人，快手平均日活用户为 2.37 亿人；而 QuestMobile 发布的《2020 年中 90 后人群洞察报告》显示，90 后用户使用抖音的月人均时长接近 2 000 分钟，使用快手的月人均时长超过 1 300 分钟，二者的月人均使用次数均超过 250 次。从这样的调查结果来看，短视频变成了时间吞噬者，这似乎与用户追求短暂而直接的感官或心理刺激的初衷存在着巨大的矛盾，反映在用户的态度上，很多人会对自己花如此多的时间在短视频软件上感到震惊和反感，并且立志做出改变，但没过多久之后便会故态复萌，他们对于自己“没有耐心”这件事抱有极大的“耐心”，很多时候甚至在明知耗费大量时间成本的情况下仍然无法控制自己刷短视频的行为。除了短视频，在网络游戏、网络社交甚至网络购物中都存在这样的矛盾，对于绝大多数人来说，这样的矛盾是一种常态。

第七节　网络成瘾

网络成瘾并不只是针对网络娱乐，沉迷于社交网络和网络购物同样是网络成瘾的表现，但对于普通人的直观感受来说，网络娱乐所导致的成瘾似乎是最直接的。网络成瘾问题由来已久，互联网从 20 世纪末开始快速发展，被称作“网民”的互联网用户群体快速增长，尽管那时互联网世界的丰富程度与现在不可同日而语，但即使是在当时的环境下，部分用户仍然因为各种内在心理和外部诱导的原因对互联网产生了强烈的依赖性，长时间地沉浸在互联网之中无法自拔，正常的生活秩序和社会关系受到影响，甚至丧失求生的能力。最极端的例子是，有的学生用户会长时间待在网吧里，时间长达数日甚至数月，其间切断包括父母至亲在内的所有外部社会联系，在保持最低生活需求的情况下持续沉浸在互联网的虚拟世界里。后来随着网络基础设施的普及、网络内容的日趋丰富以及上网终端更加灵活，网络成瘾的问题更加严重。之所以称之为“瘾”，是因为过度和错误地依赖互联网可以让人获得暂时的愉悦和舒适，从长期来看却会对人产生持续性的伤害，但网络用户又很难做到对其有效地抵制和放弃，从而导致性格内向、自卑、悲观、低落、逆反、社交恐惧等心理障碍，这样的行为与酗酒成瘾、赌博或者毒品成瘾非常类似。

美国普林斯顿大学心理学博士、纽约大学商学院营销学副教授亚当·奥尔特(Adam Alter)在他的著作《欲罢不能：刷屏时代如何摆脱行为上瘾》中指出了一件事物让人上瘾的6种心理因素，即可望而不可即的诱人目标、无法抵挡无法预知的积极反馈、渐进式进步和改善的感觉、随着时间的推移越来越困难的任务、需要解决却又暂未解决的紧张感、强大的社会联系，归纳起来就是“目标、反馈、改善、挑战、压力、认同”6种心理诉求。在生活中人们可以通过多种渠道来满足这6种心理诉求，但难度上有着巨大的差别。对绝大多数人来说，工作、学习等创造性活动需要极强的自觉性并付出很多的努力，通过创造性活动来满足自己的心理诉求，甚至达到成瘾的程度，对毅力、心理承受能力的要求极高，难度极大；而以网络游戏、短视频为代表的网络娱乐首先有着极低的获得成本，同时在感受上又易于被接受，既不需要像工作、学习那样“煎熬”，又不会像吸烟、酗酒甚至吸毒那样触及心理底线，因此可以在不知不觉之中使网络用户在满足心理诉求的同时达到上瘾的程度。这样的结论非常直观，在现实生活中工作或学习成瘾的人少之又少，网络成瘾的现象则非常普遍。

2008年11月，由北京军区总医院陶然医生主持制订的《网络成瘾临床诊断标准》通过专家论证，并被美国精神病协会纳入当周正式出版的《精神疾病诊断与统计手册》(第5版)，从而成为中国第一个获得国际医学界认可的疾病诊断标准。根据标准，网络成瘾症状包括以下几个。

(1) 对网络的使用有强烈的渴求或冲动感。

(2) 减少或停止上网时会出现周身不适、烦躁、易激惹、注意力不集中、睡眠障碍等戒断反应。

(3) 同时，下述5条至少符合1条：

① 为达到满足感而不断增加使用网络的时间和投入的程度；

② 使用网络的开始、结束及持续时间难以控制，经多次努力后均未成功；

③ 固执使用网络而不顾其明显的危害性后果；

④ 因使用网络而减少或放弃了其他的兴趣、娱乐或社交活动；

⑤ 将使用网络作为一种逃避问题或缓解不良情绪的途径。

网络成瘾的病程标准为平均每日连续使用网络的时间达到或超过6小时，且符合症状标准已达到或超过3个月。

2018年9月，国家卫生健康委员会发布的《中国青少年健康教育核心信息及释义(2018版)》对网络成瘾的定义及其诊断标准进行了明确界定。根据其内容，网络成瘾是指在无成瘾物质作用下对互联网使用冲动的失控行为，表现为过度使用互联网后导致明显的学业、职业和社会功能损伤。其中，持续时间是诊断网络成瘾障碍的重要标准，一般情况下，相关行为需至少持续12个月才能确诊。

对照以上关于网络成瘾的专业性定义和描述，如今的网络用户可能会认为自己并不属于网络成瘾的人群，毕竟自己只是在地铁或者公交上、饭桌上、睡觉前刷一刷抖音、玩几局《王者荣耀》，在主观的感受上似乎并没有影响生活，与所谓的精神疾病相去甚远。全球最先提出网络成瘾诊断标准的美国心理学家金伯利·杨(Kimberly Young)也认为网络成瘾是心理问题，但不是一种独立的精神疾病，属于"冲动控制障碍症"的一种表现，就如同电视病、空调病一样是长期接触互联网而造成的心理上的习惯性依赖。

但是，即使脱离疾病的范畴单纯从心理的角度去分析，对于网络娱乐过度的习惯性依赖是通过外部的娱乐内容满足内心社交、尊重、自我实现等需求，娱乐内容与内在需求之间是一个互相影响、不断适配的过程，而娱乐素材是由外界提供的，可以看作固定不变的，因此二者互相影响和适配的结果就是内在需求丧失自己的自主性，完全被娱乐内容支配。这样看来，网络娱乐与其他的社会活动一样都具备心智塑造的功能，网络娱乐本身所具备的功利性特质最终导致网络用户沉迷于眼前短暂、易得的快乐，陷入享乐主义的陷阱，漠视和放纵脆弱、盲目、急躁、冷漠等心理弱点。更重要的是，如同毒品、酗酒、赌博等其他的上瘾行为一样，用户对于网络娱乐的习惯性依赖也是一个不断加码的过程，保持快乐的代价是持续投入更多的成本或者不断寻找新的娱乐内容，而在减小投入或试图尝试读书、运动等其他有益的娱乐活动时则会产生巨大的不适感，这样的满足感缺失会引发一系列的心理和生理问题，最终影响正常的生活轨迹。

网络成瘾早已是一个广泛的社会性问题，如今的焦点是，互联网作为现实社会的孪生空间已经是一个无法改变的事实，智能手机作为人们随时进入互联网世界的入口已经与几乎所有的社会活动深度绑定，在这种情况下应该如何阻止或者控制网络成瘾在社会网络中的传播？

社会管理部门通常的做法首先是以社会运行的整体效益为目标制定并完善监管法律和制度，加强对网络娱乐运营平台的监管，从运营资质、经营范围、内容审查等方面对平台方进行严格审查，确保以经济利益为首要目标的各个平台能够规范经营，对于违法和违规的运营行为依法依规进行处理，例如，对于微博热搜娱乐化、庸俗化、虚假化的整治就是一个典型的案例。2019 年 12 月，国家互联网信息办公室发布了《网络信息内容生态治理规定》，其自 2020 年 3 月 1 日起施行，这是进一步加强互联网信息内容管理、落实互联网信息传播方针政策和推动互联网信息传播法制建设的重要举措，对于网络游戏、网络视听、网络出版等网络娱乐活动的整体发展进行了布局和规划。同时，社会管理部门还会积极利用传统媒体和互联网媒体加大宣传力度和公益倡导，通过各种渠道营造出理性上网、适度娱乐的社会氛围，但这种“润物无声”式的宣传和倡导需要与其他的措施相配合，例如，推动图书市场的演进和繁荣、体育基础设施的完善、城市公园景观的完备等，为人们提供更多的娱乐选择和社交场所，帮助人们更加理性地对待网络娱乐的诱惑。此外，针对学生这样的重点群体，监管部门还会出台相应的措施来进行专门的保障和引导。

2021年1月，教育部办公厅印发了《教育部办公厅关于加强中小学生手机管理工作的通知》，规定中小学生原则上不得将个人手机带入校园，确有需求的，须经家长同意、书面提出申请，进校后应将手机由学校统一保管，禁止带入课堂。2021年8月，国家新闻出版署下发了《关于进一步严格管理切实防止未成年人沉迷网络游戏的通知》，严格限制并大幅缩减了未成年人游戏时间，要求所有网络游戏运营平台严格落实实名制要求，只能在周五、周六、周日及法定节假日的20时至21时向未成年人提供1小时服务，其他时间均不得以任何形式向未成年人提供网络游戏服务。

在未成年群体中，乡村留守儿童是需要格外关注的细分群体。教育部人文社会科学研究项目成果之一《青少年成瘾行为调研报告》显示，留守儿童的游戏时间明显高于非留守儿童，两者"每天玩6小时以上"的占比分别是18.8%和8.2%，尤其是在假期，离开了学校和老师的监督管理之后，沉迷网络的现象更加严重，这与他们缺乏父母关爱、业余生活比较单调有直接的关系。解决留守儿童的网络成瘾问题是一项艰巨的系统工程，除了通行的措施，还需要上升到社会文化经济整体协调发展的高度来考虑。

从个人的角度看，网络娱乐犹如互联网海洋中一股股或明或暗的洋流，无论是沉浸其中还是视其为洪水猛兽都很难忽略它的存在。因此，正确的态度是理性认识压力与娱乐的辩证关系，在"承受"压力与"释放"压力、"享受"娱乐与"控制"娱乐、"及时性"快乐和"延迟性"快乐之间寻找平衡，而这种所谓的平衡，通常来说都是从对网络娱乐的克制开始的。合理利用互联网、抵制网络成瘾不仅可以提高生理健康水平，节省开支，改善社会关系，更重要的是可以完成对心理世界的塑造，增强自我精神控制力，建立更加强大和完善的人格，使自己能够更加从容地应对现实生活的各种挑战，从而获得更加幸福的人生。

以上道理很多人都明白，但能不能付诸实践则是另外一回事，因为道理与实践并不是必然联系在一起的，二者之间很可能存在着无法跨越的鸿沟，有关“心灵鸡汤”的例子就充分说明了这一点。“心灵鸡汤”最早源于美国杰克·坎菲尔德(Jack Canfield)的成功学系列书籍和演讲,在20世纪90年代初进入我国市场后一度受到热烈的追捧,后来泛指所有旨在温暖人心、助人励志的语句和文章。近年来,所谓的“心灵鸡汤”相关内容已经不复当年的辉煌,在互联网的世界里甚至已经变成了一个带有负面色彩的词语,那些披着“心灵鸡汤”外衣却三观存疑、黑白混淆、引起广泛争论的言论和观点通常被冠以“毒鸡汤”的称号。这种反差出现的原因在于,“心灵鸡汤”通常是利用浅显的语言描绘一种理想化的精神境界,即使是对于人类活动和行为的描写也是着重从精神的层面来进行阐述,这样的模式已经带有一点宗教的色彩,但却远没有宗教的深厚内涵,也没有达到这种精神境界的操作步骤和实践方法,也就是说“心灵鸡汤”在现实与精神远景之间是割裂的,缺乏将二者连接在一起的精神纽带。“心灵鸡汤”对于精神世界相对贫乏的人来说确实可以起到一定的抚慰作用,这也与20世纪八九十年代我国处于改革开放初期的社会发展阶段和人们相对容易满足的心理需求相契合,但对于如今天生具有批判和反抗“基因”的互联网原住民来说,只能描绘“结果”而没有“过程”的“精神鸡汤”就会显得浮夸、虚假、善变、容易被篡改和歪曲,因而导致对其的反感,再加上一些社会公众人士脱离实际的蛊惑和宣讲,“心灵鸡汤”最终变成了“毒鸡汤”,成为人们揶揄和批判的对象。

“心灵鸡汤”的例子对于网络用户的启示在于,必须在道理和实践之间找到连通的桥梁,否则的话,道理永远都只能是虚幻的海市蜃楼。而要找到这座桥梁,可以从量化自己的上网行为来入手。正如前文所述,很多人会对自己刷抖音、玩网络游戏的时长统计感到震惊,觉得自己似乎并没有消耗如此多的时间,但如果去还原自己的生活场景,尤其是睡觉前本来就想随便看看手机却一不留神到了半夜的情形,大量的时间成本和因此导致的身体损耗就不足为奇了。对自己行为的量化是一种认知的进步,在此基础之上通过转移注意力、自主克制、改变生活习惯等有意识的行为来控制上网时间,抵制那些具有较强成瘾性、有害的互联网娱乐内容,一步步地规范自己的上网行为。认知和行动的过程就是增强精神控制力、实现心灵自我塑造的过程，接下来要做的就是将这个过程贯穿到生活的方方面面，并且不断强化和坚持，这才是理解和践行“心灵鸡汤”的正确途径，也是在正确利用互联网、抵制网络成瘾的道理与实践之间建立桥梁的必由之路。

第五章

网 络 资 讯

第一节 获取信息的过程

生活在社会网络之中，人的生存和发展离不开从外界获取的各种信息。人在婴幼儿时期通过五官和肢体感知外界的光线、声音、气味和触感，将感知到的信息转化成体内的应激信号，对应激信号做出反应从而一步步掌握语言、情感、复杂行为等高级生物技能，并将这些高级生物技能逐渐固化为自身的行为习惯。整个过程可以描述为"接收—转化—反馈—记忆"4 个环节，任何一个环节出现缺失都无法形成完整的行为能力。

成年之后，拥有完全行为能力的成年人获取信息并做出反应的过程依然包含以上 4 个环节，但与处于学习期的婴幼儿相比，已经固化的行为方式将会在这个过程中起到更大的作用，这就导致一系列充满矛盾的结果。

在接收阶段，认知习惯使得成年人获取信息的速度更快、效率更高，但有时却会对不符合自己认知习惯的信息视而不见，形成认知盲区，反而不能像小孩子的认知那样清澈纯净。在转化阶段，成年人能够运用归纳、演绎、替换等思维工具进行更加复杂的信息整理和挖掘，但却更容易陷入惯常的思维定式中，有时会缺乏小孩子那种天马行空的异想天开。在反馈阶段，成年人的行为与转化的结果并不能画等号，即使是在权衡完所有利弊得出积极的结论之后，行动并不一定会发生，这要归因于情绪偏好和心理惰性的干扰，而这种现象不太会出现在小孩子身上，在自己喜欢的事情面前，他们通常不会有太多的犹豫。在记忆阶段，成年人的固有行为方式具有非常大的惯性，要想破坏这种惯性必须用新的习惯来替代，通常来说这是极其困难的，而小孩的行为习惯相对来说没那么顽固，具有更强的可塑性。

成年人和小孩行为方式之间的差异是生物特性的表现，没有高低优劣之分，但将二者进行对比，却能充分说明人在获取信息、处理信息并以此来指导自身行为的过程中会极大地受到固有行为习惯的影响，而这种固有的行为习惯是在长期的行为过程中受内部生理因素和心理因素以及外部环境因素共同作用形成的，简单的表述就是，人根据自己的习惯来接收并处理外部信息，而外部信息也在持续塑造人的习惯。

第二节　资讯的海洋

在人类社会发展的历史长河里，蒙昧时代的人们生活范围小，社会关系简单，口口相传搭配简单的图形和符号是人们获取信息的主要途径。进入文明时代之后，人们开始用文字来记录不同时空的信息，通过造纸术和印刷术来降低记录成本，提高记录效率，通过社会分工产生了学校、图书馆、出版社等进行规模化信息传递和创造的社会机构。近代以来，科技的进步带来了广播、电视、互联网等新的存储和传播手段，信息的表现形式也由单一的语言文字扩展到视频、增强现实和虚拟现实。

在这样的演进中，人们获取信息的时效性更强，范围更广，数量更丰富，成本更低，"洛阳纸贵""家书抵万金""马上相逢无纸笔，凭君传语报平安"这样的描述在正常运行的社会中已经成为历史。在如今的社会中，早餐时候浏览报纸、关注头条新闻的场景只能出现在影视剧中，广播或电视上的早间新闻是老年人的专利，年轻人只有在开车或者公共食堂等特殊场景才会关注，在20世纪第一个10年催生了"信息爆炸"等词汇的新闻资讯网站也已经不是人们获取资讯最快捷的方式，真正把现代人淹没在资讯海洋里的是移动互联网和智能手机带来的随时随地的资讯传播。

当代网络用户获得网络资讯的渠道可谓五花八门，通常来说可以按照资讯来源的运营主体将其分为公共资讯媒体和自媒体两大类。公共资讯媒体的运营主体是企业法人，包括传统资讯客户端（如人民日报、新华社、中央电视台、南方周末等）、门户网站资讯客户端（如新浪新闻、网易新闻、腾讯新闻等）、聚合类资讯客户端（如百度 App、今日头条、ZAKER 新闻等，此外还包括具备一定资讯传播功能的短视频平台、论坛贴吧等)。根据"极光大数据"的数据,截至2020年年底,在我国移动互联网用户中渗透率排名前五的资讯类App分别是百度App、腾讯新闻、今日头条、趣头条、看点快报,其中百度App的渗透率超过40%。而"自媒体"的概念源于2003年7月谢因·波曼(Shayne Bowman)与克里斯·威理斯(Chris Wills)两位美国人明确提出的"We Media",百度百科将其定义为"普通大众通过网络等途径向外发布他们本身的事实和新闻的传播方式",其运营主体通常是网络用户个体或者小型的工作组,最早源于各种论坛和博客,目前主要包括基于各种网络平台的微博、公众号、视频号等。

面对众多资讯平台带来的近乎无限的信息,网络用户想看什么?他们能看什么?最终他们看了什么?这是3个有关联但却完全不同的问题。"想看什么"取决于用户的某种需求,这些需求也许来源于强制性因素,例如,因为工作需要关注行业动态,因为寻医问药而搜索相关信息,也可能来自非强制性因素,例如,因为兴趣浏览娱乐新闻,在周围人的影响下关注某个热点话题。"能看什么"指的是网络用户可获得资讯的最大范围,这既取决于用户所处的外部环境和自身所具备的客观条件,还取决于长期养成的对于资讯的搜索和浏览习惯,以及二者之间的交互关系。"看了什么"则是从心理需求到最终行动的转换结果,除了受到"想看什么"和"能看什么"的影响,还可能因为惰性、逆反心理等心理因素产生不确定的结果。"想看什么""能看什么""看了什么"3个问题之间的差异反映了在外部环境影响下网络用户行为和心理之间存在的非线性关系。

人们想得到什么样的资讯?这个问题的答案对所有时期、所有地区的人来说几乎是一样的。首先是"真实"的资讯。抛开哲学上关于"真实"的深层次定义和怀疑不谈,人们最想得到的是能够如实反映客观事实的信息,以便能够支撑自己为接下来的行动作出判断。在信息传递手段不发达的时代,即使不是由于传播者故意为之,信息在传递过程中也可能出现失真,无论是道听途说的传闻还是手工抄写的图书都存在这种情况。印刷术之所以能够跻身四大发明之列,一方面是因为它提高了效率,另一方面就在于其可以通过标准化程度高的操作步骤大大提高信息传递的可靠度。在互联网的世界里，单纯由于技术原因导致的信息失真并不多见，失真信息的出现和传播更多地是由平台和用户出于某种目的有意为之，其中以博取关注为唯一目的、行业约束相对较弱的自媒体更是重灾区。在这种情况下，网络用户想要获取相对真实的信息，更倾向于浏览相对权威的官方媒体平台，尤其是某些关注度较高的事件会产生各种各样的传播版本，其中不乏添油加醋、捕风捉影甚至胡编乱造的小道消息，对普通人来说不但难辨真假，还会因为巨大的不确定性产生不安、焦虑、迷惑等负面心理情绪，只有当相关信息由传统资讯媒体、门户网站以及权威性较强的资讯平台进行正式官方发布之后，网络用户才能够获得可靠的信息。当然，还存在一种可能性，即使是严肃媒体发布的信息也可能无法反映事物的全貌，但从用户的认知和心理的角度来说，严肃媒体的信息可以消除不确定性，因而具有无可比拟的权威性。

除"真实"的资讯以外，人们还想看到"快速"的资讯，也就是说信息的时效性越高越好，最好能够达到实时传递、"零时延"的程度，为此人们发明了烽火台、飞鸽传书、旗语、传令兵、电报、电话等各种手段，直至如今借助于现代通信网络和终端实现的实时文字、语音和视频交流。为了满足人们对于"快速"的需求，各大资讯平台客户端不但会对内容进行及时更新，还普遍会对重点资讯进行实时推送，而且这种推送功能在多数情况下都是默认开启的，关闭的路径却没那么明显。平台的这种设计可以绑定用户，提升用户活跃度，但从用户的角度来看，无处不在、过量的信息提示已经远远超出了"快速"的范畴，有可能会分散用户的注意力，引起用户心理上的不适甚至反感，因为他们可能会觉得自己受到了骚扰，无法专注于自己应该专注的事物。"快速的信息"与"骚扰的信息"互相矛盾，但这样一个组合的存在是普遍现象，归根结底，还是源于资讯平台对于网络用户心理的洞察，而人的心理本身就是一个充满矛盾的复杂系统。对于网络用户来说，当他们能够根据自己的需求判断哪些是"快速的信息"、哪些是"骚扰的信息"的时候，说明用户对自己的认知和行为仍然具有较强的掌控能力，知道自己到底需要些什么。一旦用户失去这种判断，或者压根没有判断的意识，他们就会陷入"信息爆炸”的陷阱，从思维方式到行为规律都有可能受到资讯平台的影响和牵引。这种现象并不是互联网时代所独有的，而是贯穿于整个人类认知发展历史，“众口铄金”“三人成虎”这样的成语表明了人在面对大量的外部信息时很可能无法做出与事实相符的判断，原因是人的大脑处理信息的能力和与外部世界博弈的能力都是有限的，在持续受到外部信息和外部思维模式冲击的情况下，人的大脑或多或少都会受到影响，进而产生心理波动，改变行为习惯，甚至会出现所谓的“迷失自我”。

除了“真实”和“快速”的资讯，出于几乎每个人都有的猎奇心理，人们也希望能够得到“新奇”的资讯。从20世纪90年代开始，我国各地的火车站或者长途汽车站周边经常会出现一些卖图书、报纸的小贩，他们贩卖的通常是“世界×大未解之谜”“××秘闻”等能够刺激人们好奇心的图书、报纸，其中也包括一些胡编乱造、充斥着各种匪夷所思假新闻的内容，而且他们还会通过“××明星被抓”“××大案”这样的语言进行叫卖，以便把对人们好奇心的刺激达到最大化。在那个年代进行长途旅行的人，几乎都有过购买这种读物的经历，这在很大程度上都是受到了小贩基于好奇心的营销行为的影响。猎奇心理源于对未知世界的探索和发现，既包括“好奇心”这样可以调动个人积极性的正面因素，也包括一味沉迷于新奇事物、追逐潮流等浮夸低级的负面因素。满足用户的猎奇心理是各个资讯平台底层运营逻辑非常重要的一个支点，但这个支点是建立在正面的好奇心因素之上还是建立在负面的浮夸低级因素之上，其最后展现出来的运营效果和对用户的影响可以说是天差地别。建立在好奇心基础上的运营方式以资讯的真实性为基础，通过对表现手法、组合方式进行设计以激发用户的探索和思考欲望，通过对社会网络信息传递的正面推动来助力整个社会的规范运行。例如，对于一些旨在进行科普的科研机构公众号的运营，严肃规范的科学理论知识对普通用户来说不易理解，容易让人敬而远之，因此在内容上通常与生活中的热点现象相结合以便引起用户的注意，在表现手法上尽量做到平易近人、引人入胜，使用户在轻松的阅读中获得相关的科学知识。而以浮夸低级因素为出发点的运营方式则是一切“唯流量论”，一些“标题党”用耸人听闻的语句来获取关注，其内容充满了虚假、夸张、重复、劣质的信息，辨别力不强的用户可能会上当受骗，即使是能够分辨的用户也会因此承受时间和精力上的损失，这种现象广泛存在于自媒体之中，有时甚至会利用门户网站、权威性较强的资讯平台审核不严格、管理不规范的漏洞出现在主流媒体的界面上，造成大范围的传播和影响，严重的甚至会影响正常的社会秩序。

除了“真实”“快速”“新奇”，人们还希望获得“隐秘”的资讯。对于用户来说，“隐秘”与“新奇”的相似之处在于都是未知的信息，但不同之处在于，用户对于“隐秘”的期望在于独享，至少是小部分人的特权，而不是像“××明星隐婚生子”这样霸占热搜的娱乐新闻。这种期望源于信息传播过程中可能存在的不对称性，而这种不对称性会影响人的人生境遇，直观的表现就是经济能力上的差异。为了追求不对称优势，用户会努力提升自己在用户分级体系中的级别，或者选择支付费用成为付费用户，从而获取并强化自己在信息传播系统中的优先级。在这种心理的驱使下，用户可能会参与形式多样的在线教育和付费知识讲堂，无论能不能达到开阔视野、提高能力、扩大交际面的预期效果，至少在形式上满足了基本教育培训之外的知识需求，这种现象与那些办了健身房会员卡之后就再也不去健身的消费者具有相似之处，都是通过深思熟虑或者一时冲动的付费行为来缓解心理上对于知识技能和身体健康的焦虑。还有一种可能是，用户为了某种不切实际的收益预期，支付费用试图获取所谓的“独家信息”，如股票买卖、金融理财、婚恋交友等，甚至涉及违规和违法的考试试题、公民隐私等。此类案例众多，且多数心存幻想的用户并不能获得预期的收益。以股票买卖为例，付费用户期望的是从股票买卖中获利，这种期望具有极大的不确定性，而所谓的内幕消息提供方的获利期望则在于用户的付费行为本身，二者的期望出发点是完全不同的。因此，对于内幕消息提供方来说，股票的涨跌与自己并没有直接的关系，他们只要通过某种方法让用户愿意去付费获取信息即可，这样的动机便催生了虚假宣传、诈骗等一系列不法行为。曾经有这样的案例，在一个人数众多、交流活跃的微信群里，真正想通过买卖理财产品获利的成员只有一个，其他的成员都是由诈骗犯罪分子假扮的，他们通过伪造的话术、图片精心构筑了一个虚假的理财场景，向用户灌输通过内幕消息获取高额收益的虚假信息，对于微信群里唯一的用户来说，这种情况具有极高的诱导性和迷惑性，可以说防不胜防。

第三节　倾向性

问世于1951年的《传播的偏向》是加拿大多伦多学派奠基人哈罗德·伊尼斯(Harold Innis)的传播学经典之作。作者在书中把传播媒介划分为时间偏向媒介和空间偏向媒介。在人类社会发展历史上，黏土、石头、羊皮纸这一类质地较重、耐用的媒介被伊尼斯归纳为时间偏向媒介，此类媒介所承载的信息能够长时间保存，通常代表了某种权威性，因而在政治、军事、宗教、商业契约等领域应用较多。而以纸张为代表的质地较轻、容易运送的媒介属于空间偏向媒介，这类媒介适合用于跨越空间限制，实现信息传播的世俗化、现代化和公平化，按照这个标准来看，口口相传的信息传递方式也应纳入此类。伊尼斯把传播媒介与文明的演进和兴衰联系在一起，分析了从古埃及石刻、纸莎草到近现代的报纸、广播等传播媒介对传播活动乃至社会运行方式的影响，强调新的媒介源于社会发展带来的技术进步和人们生活方式的改变，同时也会对社会运行产生强大的反作用，“一种新媒介的长处，将导致一种新文明的产生”，最直观的例子便是由于报纸、电视、电话等现代媒介可以快速传播充满负面、误导、恐慌的资讯而导致经济运行更加敏感和易变。按照伊尼斯对于媒介的划分方法，互联网跨越时间和空间的特点使其兼具了时间偏向媒介和空间偏向媒介的特质，从而覆盖了两类媒介的所有主要用途，这是现代科技对于经典学术理论的发展和超越，但同时，互联网与社会运行的相互作用却仍然在伊尼斯的理论框架之内，这也是经典学术理论的生命力之所在。

成立于1995年的瀛海威信息通信有限责任公司(简称“瀛海威”)通常

被认为是我国的第一家互联网企业。作为行业先行者，瀛海威非常注重针对社会大众的互联网知识推广，他们专门设立了一个科教馆进行宣传，并且在科教馆附近竖起了一面巨大的广告牌，上面写了一句中国互联网史上很著名的广告语："中国人离信息高速公路还有多远？向北 1 500 米！"瀛海威真正运营的时间在 3 年左右，曾经推出过多种互联网业务，包括具备社交网络、论坛、网络支付等现代互联网业务雏形的呼叫、讨论组、网上交费系统等，但真正规模化运营的只有资讯浏览业务，这也是诸如新浪、搜狐等早期互联网企业进入行业的共同切入点。时至今日，新闻资讯仍然是各大门户网站引流和保有用户的必争之地，只是相较于初创时期的新闻网站在新闻外在组织形式、内在价值逻辑上已经有了翻天覆地的变化，而这一切的变化又与网络用户的需求和行为特征互相塑造，进而影响社会的发展进程。

在瀛海威之后，新浪、搜狐、网易等门户网站成为 20 世纪末到 21 世纪初互联网大潮中的佼佼者，它们的共同点之一便是拥有受众快速增长的新闻版块，新闻资讯业务与电子邮箱、聊天室等业务成为那个年代的"杀手级"应用。早期的网络新闻以引用传统媒体的内容为主，表现形式仅限于按照时政、体育、娱乐、财经等属性划分为不同的频道，报道突发新闻的时效性相比于电视、广播等媒体并没有明显的优势，评论、分析等需要进行深度加工的内容更是直接引用报纸和杂志，网络新闻编辑更像是一个搬运工，整体业态比较原始。但就是这种如今看来略显简陋的互联网业务，却吸引了越来越多被称为"网民"的早期网络用户，一方面是因为当时上网能做的事情不多，大量的新闻聚集在一起浏览起来很方便，可以有效地消磨时间；另一方面是因为上网看新闻、查资料对于大多数人来说是一件很时髦的事，"上网冲浪"意味着一种可以带来心里优越感的生活新体验，尽管对现实生活的影响比较小，但这种心理上的优越感使得当时的网络用户乐在其中。从这个意义上来讲，早期的新闻资讯可以看作一件带有娱乐功能的装饰品，网络用户无论对这件装饰品采取一种什么样的态度，决定权都在自己，网络用户占据绝对的主导地位。但是随着互联网环境的日渐成熟，网络用户逐渐失去了这种主导地位，其原因在于网络新闻资讯业态快速发展而产生的"倾向性"。

传统新闻行业之所以能够在社会生活中扮演重要角色，是因为新闻行业不但可以传递信息，还可以通过塑造特定的舆论倾向性来影响人们的行为和心理，信息仪式论者认为倾向性是新闻必备的因素之一，从对社会发展的影响来讲，倾向性是新闻行业无法避免的发展结果，也是行业的生命力之所在。美国华盛顿大学传播学教授、政治学教授 W. 兰斯·班尼特(W. Lance Bennett)在其所著的《新闻：幻象的政治》中分析了新闻的 4 个倾向性：个人化、戏剧化、碎片化、“权威—失序”。

个人化是指把所有重大的社会、经济、政治问题简单化、表面化，从个人体验、人生悲剧以及成败输赢的层面进行报道。班尼特举了一个例子，无论关注对象是有同情心的英雄还是无辜的受害者，或者是可憎的无赖、罪犯，媒体对个人化、人情味新闻的偏爱造成了“只见树木不见森林”的信息倾向性，公众很难透过挤在媒体镜头前的众多“演员”看清新闻事件的全貌。班尼特认为个人化倾向性产生的原因既可能在于新闻从业者担心调查性报道会让受众望而生畏，也可能在于从人情味的角度进行报道比深入剖析事情的来龙去脉更容易，这两种原因涵盖了基于用户心理和具体实践两方面的因素。

戏剧化是指在整个新闻事件中，从业者最愿意突出表现的是能被戏剧化处理成简单故事的那些元素，按照讲故事或者叙事的手法去描写新闻事件，相应的，新闻的戏剧冲突被放在了一个很高的位置，故事的中心线也侧重于展示个性鲜明的人物。班尼特认为跟个人化的倾向一样，“戏剧化”本身并不是坏事，因为这样的表现手法可以帮助观众感受历史、科技、政治和人际关系的伟大力量，如果由此而激发人们进行思考，那就是有意义的，但问题在于，如果过分追求戏剧化而陷入“重危机而轻常态，重现在而轻过去或未来”的怪圈，新闻就变成了一种廉价的情感工具，只表现人的冲突、艰辛、脆弱，背后的深层次问题就会被淹没在肤浅的情感波动中，这进一步加剧了新闻的个人化倾向。

碎片化则代表了新闻与新闻之间、新闻本身与背景之间彼此孤立、缺乏连接的割裂倾向。班尼特认为，由于对新闻人物个体的过分强调，碎片化倾向导致新闻中的信息变得琐碎，很难形成一幅整体的画卷。另外，由于担心新闻信息量太大会让人厌烦，所以媒体对刊播版面或播出时间作出严格的限制，这种现象进一步加剧了信息的碎片化。最终的结果就是，用户所能看到的新闻通常是经过压缩的戏剧化表象，问题的根源、关联、意义等深层次因素需要进行自主挖掘，而这是多数人不具备的行为能力，甚至根本就没有这种意识。因此，普通人观看新闻报道的印象就是，这个世界一片混乱、危机四伏，不知道什么时候危机就出现了，然后不知道什么时候危机又突然消失了。

“权威—失序”倾向则是个人化、戏剧化和碎片化倾向综合作用导致的结果。班尼特认为新闻最关注的就是秩序，以及与之相关的话题，但在个人化、戏剧化和碎片化的作用下，社会中失序的现象为新闻报道提供了“取之不尽，用之不竭”的素材，而一旦公众对世界的失序感到不满，所谓的“权威”便会成为新闻媒体口诛笔伐的目标，以此来达到安抚公众的目的。

班尼特是以美国的传统媒体来分析倾向性问题的，在网络新闻资讯平台中，以上的倾向性同样存在，而且二者的契合度非常高，互联网同样强调对个体特性的释放、对戏剧冲突的追求、对事件局部因素的放大以及对“权威”的颠覆和重构。在经过了初期的发展之后，网络新闻资讯的运营者们很快就意识到，如果想提高互联网新闻资讯传播影响力，同样也需要通过建立一定的舆论导向来形成整个行业的内在价值逻辑，这才是网络新闻资讯的生命力之所在，以此为出发点，网络新闻资讯进入了精细化运营的时代。一方面，对于引用其他媒体的新闻，运营方要判断其所传递的价值导向是否与自身的价值取向相适应，并通过页面布局、展示时长等手段予以区别对待，或者干脆屏蔽掉某些内容。另一方面，运营方加强了对于某些新闻热点的深度分析，他们会把相关的舆论聚合在一起形成专题，集中展示新闻事件的来龙去脉，同时也会刊发由平台方撰写的原创评论和综述，这是表明平台立场和价值取向的关键举措。最终的结果是，呈现在用户面前的新闻资讯具备了某种倾向性，这种倾向性是平台运营方根据外部监管环境和内部价值取向等因素综合选择的结果，是网络新闻资讯外在组织形式与内在价值逻辑的统一。

第四节 “乌合之众”

网络用户在使用网络新闻资讯服务时，不可避免地要受到倾向性的影响，但不同用户群体在面对这种倾向性时所表现出来的态度、产生的行为、受到影响的程度是不同的，因此有必要分析一下各个用户群体在面对新闻倾向性时的行为和心理。

对用户进行分类是最基本的商业研究方法之一，惯常的做法是通过市场调研获取用户的性别、年龄、区域、职业、民族等信息，根据具体的商业场景设计分类模型，实现精准化的营销和运营。这样的方法背后的逻辑是，用户的心理和由此产生的行为是可以借助于某些客观特征来进行相对明确的界定的，这也符合多数人的认识和感受。但是在互联网的世界里，“客观特征—主观心理—行为”这样的映射关系在多数情况下不再成立，根据客观特征去判断行为和心理的准确度大大降低。通常来说，不同年龄段消费者的消费行为会有明显的差异，这就是以“年龄”为客观特征的行为和心理映射关系，但根据德勤第12期《数字媒体趋势调查》的结果来看，所谓的Z一代(14～21岁)、千禧一代(22～37岁)和X一代(38～53岁)的消费行为正在汇聚。例如，2017年，70%的Z一代家庭都拥有流媒体订阅行为，这个数字在千禧一代中是68%，在X一代中是64%，三者的差距并不大，同时有一半的X一代受访者表示他们还会经常玩电子游戏，这与Z一代和千禧一代基本相同。除了年龄，地域之间的用户行为差异也在逐渐减弱，网络购物中下沉市场的快速发展就是最直观的例子，大城市里的网络购物行为越来越多地发生在下沉市场，由此催生了商品品牌、品类以及商业模式的复刻和移植。之所以会产生这样的现象，既是因为互联网在促进信息传播、增强人际连接方面得天独厚的能力，也是由于互联网作为现代社会新型基础设施的深度普及，不但影响了各行各业，还渗透到社会生活的每一个细节。这种能力与规模的同步发展在宏观上弥合了信息鸿沟，拉近了城乡差距，在微观上则导致了不同年龄、地域的用户在消费行为上逐渐趋同，传统的用户分类因素不再有效。

针对这种情况，互联网平台千方百计地利用大数据、人工智能等新技术增强对网络用户行为的研究能力，尝试用更精细的方法和模式来处理与用户的关系，在底层逻辑上实现网络用户分类方法的革新。新的逻辑是，网络用户与互联网之间是一种互相作用的关系，这种作用有时候会表现得很激烈，甚至可以演变成一种斗争，而最终的结果会表现为网络用户对互联网的控制能力。对控制能力强的用户来说，互联网是提高效率、改善生活的工具，在面对、利用互联网的时候，仍然能够保持清醒的头脑、独立的思考和完整的人格。而对于控制能力弱的用户来说，有可能会沉迷于虚拟世界所带来的虚幻的快乐而在互联网中作茧自缚，也可能会由于自身的分辨能力和保持自我的能力本来就较弱，最终成为互联网的奴隶。将互联网作为工具和成为互联网的奴隶是两种极端的状态，中间还有其他的中间状态，如果想把定性的状态描述变成定量的用户划分方法，则需要借助于更新的技术对年龄、性别、区域、职业等固有的指标进行重新认识，从“互联网控制力”的角度去建立更细致的模型，这也是众多互联网平台正在做的事情。

在与互联网的相互作用中，哪些用户的控制能力强，哪些又比较弱呢？最核心的判断依据就是，在互联网介入之后，如果生活轨迹能够向着自己期望的方向持续发展，那么此类用户的互联网控制能力较强；反之，如果互联网使得生活轨迹偏离了自己期望的方向，则此类用户的互联网控制能力较弱。例如，对于与子女居住在不同城市的老年用户来说，一方面，微信帮助他们把与子女联系的方式从信件的文字和电话的语音扩展到了视频，满足了他们与子女亲近的心理需求，符合他们对生活的预期和渴望，这便是他们互联网控制能力强的表现；但另一方面，通过微信传播的虚假信息和理财诈骗陷阱却又可能降低他们的互联网控制能力。因此，对于老年用户来说，提高分辨虚假信息和互联网陷阱的能力是增强互联网控制能力的关键。而对于一个受过高等教育的大城市年轻上班族来说，最大的威胁也许在于自己的所有社会关系都要借助于微信来维系，这其中既有自己愿意维持的关系，如恋人、朋友，又有自己被动接受的关系，如常年超负荷加班、随时会接到新任务的工作群。在面对后者的时候，年轻用户对于互联网的控制能力就处于较低的水平，而且在生存压力面前，似乎没有很好的缓解方法。

互联网是由无数个个体信息源聚集在一起形成的复杂系统，信息在传播过程中会发生无意或者有意的偏转和失真，当网络用户面对网络新闻资讯的时候，其互联网控制能力不可避免地要面临个人化、戏剧化、碎片化、“权威—失序”因素的考验（虚假新闻的产生多源于造假者自身的某种需求，因而可以划入个人化的范畴，同时又具备戏剧化和碎片化的某些特点）。在网络用户与互联网博弈的第一阶段，用户可以根据自己的需求和意愿去浏览新闻资讯，并且这通常是免费的，但这种免费仅限于经济层面，网络用户需要用其他的代价进行支付，如个人的驻留时长、兴趣关注点、身份信息、浏览轨迹以及其中所蕴含的心理偏好等，而这也是新闻资讯平台最希望得到的东西。在第二阶段，平台会根据对用户行为和心理的挖掘结果进行刻意的推送，这便是互联网对用户的培养和塑造，其直接结果是用户会继续看到他们想看的内容，这似乎是一种双赢的局面，用户得到需要的信息，平台通过用户的驻留和注意力获取广告等收益。但这个流程的核心问题是，用户从主动搜寻网络资讯变成了被动接收，他们只能看到他们想看的内容，而获取陌生的、开拓性的、接受难度高的内容的可能性大大降低，于是便进入了第三阶段，用户的认知范围受到了限制，心理模式逐渐固化，行为更多地依靠平常养成的习惯而不是全新的思考，这虽然在一定程度上提高了效率，但却扼杀了生活轨迹中潜在的多种可能性。当然，还有一种可能是，用户由于习惯于固定的新闻资讯浏览模式而避免了误入歧途或者财产损失，自己和社会因此而获益，但单纯从用户与互联网的博弈来看，败下阵来的是用户，互联网成功地实现了对用户行为和心理的束缚以及塑造。

在这个过程中需要格外关注虚假信息的产生、传播甚至泛滥，及其对“乌合之众”效应的催化。

如前所述，虚假信息具备个人化、戏剧化、碎片化和“权威—失序”的特质。个人化是指虚假信息通常情况下都源于造假者和传播者的某种需求，如经济利益、个人情感等，在这些需求的驱使下，造假者混淆是非、指鹿为马，编造虚假信息。还有一种可能，由于受到自身认知水平和辨别能力的限制，网络用户无法突破外部客观条件造成的迷惑和困扰，在不经意间促成了虚假信息的产生和传播，从更广泛的角度来看，认知和辨别方面的能力不足同样带有鲜明的个人色彩，因而也属于个人化的范畴。戏剧化指的是虚假信息通常都具备强烈的戏剧冲突，因为只有这样才具备很强的吸引力。为了制造这种戏剧冲突，将众多缺乏逻辑性甚至毫不相关的因素生拉硬扯地聚集在一起，再通过通常出现在文艺作品里的表现方式和修辞手法将其改头换面，人为制造出戏剧化的效果。与戏剧化一样，碎片化可以看作虚假信息产生的另外一种方式。对于某一新闻事件，造假者有意识地选取某些片段来进行额外的强调和渲染，而忽视、淡化甚至刻意删除其他的相关信息。这样做的后果就是，用户看到的信息并不是伪造的，造假者甚至完全可以理直气壮地声称呈现给网络用户的是事实，但他们没有说明也不敢说明的是，这些所谓的事实只是“事实的一部分”，而这一部分事实所表达的意义与真实的情况存在不同程度的偏差，有时候甚至可以说是南辕北辙。在个人化、戏剧化、碎片化的综合作用之下，造假者获得了造假的需求以及满足需求的手段，同时他们还需要一个标的物来实施造假的行为，也就是所谓的“权威”，这样做的好处显而易见，因为发生在“权威”身上的造假行为更容易获得关注，而“权威”的倒塌所具有的很强的轰动效应则更有利于造假者满足自身的需求。这里的“权威”是一个宽泛的概念，既包括字面意义上某一领域里的权威人物，又包括一定时间和区域之内公众关注的焦点。整个过程就是以“权威”为目标，出于个人化的需求，通过戏剧化和碎片化的方式，造成“权威—失序”。“权威—失序”的后果就是，信息被篡改和编造，却更能迎合用户群体的兴趣，而作为权威的公众人物陷入流言的漩涡，热点事件的真相被掩盖。

这样的现象很常见，尤其是在以注意力和流量为导向的互联网资讯海洋里，网络自媒体为了吸引用户，利用夸大、歪曲、断章取义甚至伪造等各种手段炮制各种“标题党”“假新闻”，然后通过社交网络平台、娱乐平台进行传播。很多造假手段非常低劣，甚至多数情况下一个具备正常认知和分辨能力的网络用户一眼就可以辨别真假，但奇怪之处就在于，这样的虚假信息仍然可以在网络世界里大行其道。一个典型的例子是，以老年人为主要成员的微信群通常是虚假信息的重灾区，各种漏洞百出的“官方通告”“养生窍门”在获取了老年用户注意力的同时，又借着老年人渴望沟通的心理传播出去。难道只有老年人会这样吗？当然不是。很多用户都会对20世纪初期泛滥于QQ群和QQ空间里的“明星QQ号码泄露”“××明星因为关注度不够被×国人鄙视”“转发到×个QQ群本人QQ会自动升级”等信息记忆犹新，在那个互联网刚刚开始普及的年代，这样的假信息是如此流行，以至于很多网络用户在成年之后会兴致勃勃地谈起自己当年的上当经历，对他们来说这甚至已经变成了青春岁月的印记。面对虚假信息，体力、智力已经衰退的老年用户和涉世未深、容易冲动的年轻用户会不知所措，那么成熟稳重的中青年用户呢？情况似乎要好一些。如今的中青年网络用户普遍都已经在互联网的世界里摸爬滚打了不短的时间，面对相对低级的网络信息通常具有很强的分辨能力和免疫力，这也是互联网控制能力的一种表现。但同时，在面对一些与切身利益相关的虚假信息时，成熟的网络用户也会犯错，这是人性使然，不可避免。例如，对于屡见不鲜的投资理财或者彩票骗局，深陷其中的成熟网络用户不在少数，他们天真地认为自己只要投入一小笔钱就能获得赚取巨额收益的方法，全然不顾这其中基本逻辑上的错误（诈骗者如果能够掌握未来的股票行情或者彩票中奖号码，为什么要把这么宝贵的信息低价卖给别人），从而被形形色色的诈骗信息迷惑。只不过，在没有互联网的时代，这样的例子早已存在，几乎贯穿了人类社会发展的整个历程，互联网上的诈骗事件可以看作古老骗局在新世界的延伸。

虚假信息会对个体用户的行为产生误导，而对于群体用户来说，“乌合之众”效应的出现则不仅仅受到虚假信息的影响，即使是真实的信息，也可能在群体之中产生扭曲的效果，引发群体超出预期的反映，正如伊尼斯在

《传播的偏向》中所说的："传播的突飞猛进常常导致野蛮行径的突然爆发。"从实际效果来说，新闻资讯在群体中的传播并不是个体的简单叠加，由理智的个体组成的群体在进行信息处理时往往呈现非理智的状态，这与自然界中广泛存在的网络现象恰好相反。

梅拉妮·米歇尔(Melanie Mitchell)是美国波特兰州立大学的计算机科学教授，她在著作《复杂》中探讨了群体中的信息处理过程。她定义了关于信息处理的几个重要问题，即信息在系统中扮演了什么角色、信息是如何被传播和处理的、信息的意义是什么。她以蚂蚁群体为例进行了描述和解答。

对于第一个问题，信息并不是位于系统中的某个位置，而是表现为系统的动态模式和统计结果，具体到蚂蚁群而言，执行不同任务的蚂蚁小队的动态分布代表了蚁群对各种信息的反馈。例如，寻找食物的小队会用自己的蚁迹表示食物源的信息，搬运小队的蚁迹则代表了加固巢穴所需的树叶、泥土等物资的分布情况。不同小队的行动叠加在一起表示了整个蚁群的整体状态，也就是信息的传播和处理结果。

对于第二个问题，由于信息是系统的动态模式和统计结果，所以个体无法感知或传达系统状态的"宏观画面"，而只能依靠空间和时间采样来进行传递，这就使得获取信息的行为具备了某种统计学特性，因而系统的整体行为就存在多种可能，也就是"或然性"。"或然性"的存在使得复杂系统内部普遍存在的微粒化结构能够对许多可能的路径进行探测，而且这种探测很可能是朝着多个方向并行进行的，但彼此的速度和深度并不相同。在探测的过程中，获得的信息逐渐增多，具备"或然性"的分散探测与系统的集中行动之间不断进行互动，最终达到平衡，也就是确定性的行动，这样的过程也是所有适应性系统的共性。在蚁群中，单只蚂蚁只能通过感受器对其他蚂蚁的信息素信号浓度进行采样，进而决定是否进行某项工作，这就存在两种可能，导致蚂蚁的行为具有"或然"的成分，甚至其承担的工种也是"或然"的。当蚂蚁从事的工作是寻找食物时，它们会向四面八方随机出动，而一旦在某个方向发现了食物，系统就会分派更多的资源(蚂蚁)到这个方向，但总会有一些蚂蚁得不到这样的信息，它们依旧在其他方向不断探索，这种探索可能是徒劳的，也可能会发现更多、更好的食物，因而为整个蚁群保留了更多的可能性。最终，蚂蚁会建立通往食物的路径的详细地图，观察者甚至会认为这是被某种智能精心设计出来的，但实际上这是随机探测与群体行动之间达到平衡的结果，食物信息被蚁群的行动轨迹描绘出来。

第三个问题，信息的意义是什么(或者称之为“目的性”)，这是一个带有哲学色彩的问题，梅拉妮·米歇尔认为信息的终极意义与生存和自然选择密切相关，如果某个信息能够影响系统的生存和繁衍，那么信息就是有意义的。对于蚂蚁群这样的系统，尽管并不存在中央控制者或者领导者，但对食物、巢穴和繁衍的渴望赋予了蚂蚁群用行动描述信息这件事以意义，也使得整个系统具备了适应外部世界的能力。

对于其他的复杂系统来说，第一个问题和第三个问题的结论都是类似的，关键在于第二个问题。在人类社会这个复杂系统中，信息的存在也是以人类群体的动态分布和统计结果表现出来的，最终的意义也是聚焦在生存和发展上，但在第二个问题上，作为智慧生物的人所具有的行为和心理的复杂性最终导致了人类社会系统传播和处理信息的多样性。与蚂蚁一样，人无法以“上帝视角”对自身所处的环境进行纤毫毕见的审视，只能依靠采样来获取信息，因而也就具备了统计特性。与蚂蚁不同的是，人是有智慧的，智慧带来了更多的需求，同时也带来了蚂蚁所不具备的心理弱点，如恐惧、贪婪、犹豫、愤怒、怀疑等，因此在获取信息时会添加更多的个人因素，导致统计学特性更加突出，在传播信息、对外部世界进行探测时，个人因素的影响会进一步放大，结果就是人类社会系统的“或然性”因为庞大的个体规模和个人统计学特性的叠加而无限增大，从而导致各种匪夷所思的后果。

按照这样的分析，“乌合之众”效应正是由人类社会系统的“或然性”导致的结果，“或然性”给虚假信息提供了巨大的生存空间，也导致了真实信息的偏离，小群体探测外部世界的行为存在多个方向，而任何一个方向都可能会因为某些因素吸引更多的个体。站在个体的角度考虑，人们总是更容易接受自己喜欢的或者已经先入为主的概念，也就是去相信那些自己愿意相信的信息、做自己擅长的事，而对于违背自己固有观念、打破自身舒适圈的信息和行为则抱有强烈的抵触心理。在系统“或然性”与个体心理缺陷的相互作用下，越来越多的理性个体投入某一个探测外部世界的小群体中，如果这个小群体所探测的方向是非理性的，并且所吸引的个体达到了一定的规模，就会产生非理性的群体行为，“乌合之众”效应显现。如同勒庞在《乌合之众》里讲到的：“在孤身一人时，他不能焚烧宫殿或洗劫商店，即使受到这样做的诱惑，他也很容易抵制这种诱惑。但在成为群体的一员时，他就会意识到人数赋予他的力量，这足以让他生出杀人劫掠的念头，并且立刻屈从于这种诱惑。”

在互联网的世界里，个体所受到的道德、伦理、法律限制更小，处理信息时也就更加随心所欲，在进行小群体探测的时候也就更加多样化，有时甚至可以用“极端”来形容，因此由网络用户组成的系统就具备更大的“或然性”。与此同时，资讯平台以及其他的购物平台和娱乐平台通过大数据、人工智能等技术不断对网络用户的消费行为进行挖掘，进一步加快了网络用户们行为和心理固化的进程。因此，在互联网的世界里，一方面是更大的“或然性”所带来的开放，另一方面是用户对于自身喜好更加顽固的坚持，当互联网的“开放”迎合了用户的非理性“顽固”之后，“乌合之众”效应也就更明显，一个细小的火星就能在群体中引起爆炸式的反应。

在如今的互联网信息体系中，“焦虑感”是一个经常被提及的词语，也是诸多社会不良现象的根源，它的产生和传播就是典型的理性个体组成非理性群体的“乌合之众”效应。首先，焦虑的源泉是什么？有人认为是某种需求得不到满足，这种观点其实并不准确，如果需求得不到满足，但个体采取的态度是“听天由命”“彻底死心”，那么也不会有焦虑，或者至少可以把焦虑控制在较低的水平。焦虑真正的根源是人们对于自身需求能否得到满足而持有的不确定性，也就是说人们的某种愿望具有统计学特性，事态的发展不能被百分之百确定，在这种情况下人们才会产生焦虑。处于焦虑中的个体会进行各种尝试以消除系统的不确定性，这就是群体系统中的对外探测行为，从而使系统产生了多种结果。人们更倾向于追求和接受符合自己预期的结果，尽管有时候这种“符合预期的结果”是片面的、被操纵的，但仍然会有系统的大量资源投入某个方向，形成所谓的“内卷”，最终个体投入的成本与预期的收益严重脱节，导致一系列的系统问题。

对大城市里的居民来说，子女教育就是这样一个典型的问题。作为成熟的网络用户，拥有较强“互联网控制能力”的中青年父母需要提前考虑子女的教育问题，他们利用互联网研究各种政策和招生信息，通过论坛、微信群、QQ 群交流信息，倾尽全力购买学区房，通过参加各种补习班来增强子女的竞争力。这些投入都是因为对子女的未来充满不确定性，他们需要通过搜集信息、购买学区房、参加补习班来尽力消除这种不确定性。在这个过程中，父母们还可能面临着各方面利用“焦虑感”所做的基于利益的引导，如对学区房的炒作、校外培训机构通过自媒体对所谓“牛娃”“天才”的过度渲染、对相关课程的虚假宣传，这使他们原本就处于焦虑状态的心理更加紧绷，个人的精力和财力会面临巨大的考验。但他们不得不进行资源投入，因为只要心理上对于不确定性的焦虑没有被消除，就只能继续“内卷”，而他们的行为又会成为其他父母考量的对象，如同多米诺骨牌一样会一直持续下去，最终理性的个体组成了非理性的群体，导致学区房价格飙升、课外培训机构良莠不齐、小学生压力大等各种社会问题。

除了教育问题，“焦虑感”现象几乎存在于社会的各个角落，在互联网上尤其突出。例如，付费知识业务中各种“内部课程”“大咖讲座”之所以能够大行其道，就是因为运营方抓住了用户的“知识焦虑”，他们迫切需要在纷繁复杂的互联网世界中抓住真正有价值的资讯，并且愿意为此进行经济上的投入。又如，遍地开花的整形美容医院利用的就是年轻人对于自己的外貌以及外貌带来的社会竞争力的焦虑，这其中互联网推波助澜的作用是不可或缺的，尤其是活跃于各个短视频平台上的所谓“网红”，图像技术修饰下姣好的面容、完美的身材激发了年轻人模仿的意愿，由此也催生了更多因无证经营、非法行医而导致的医疗事故。

第五节 深层次的信息鸿沟

总结来看，如今互联网已经成为主要的信息传播渠道，网络用户几乎每时每刻都在面对来自资讯运营平台和自媒体的各种信息，但在庞大如海洋的互联网面前，网络用户个体的力量是弱小的，他们随时都可能要面对虚假信息和歪曲信息的袭扰，从心理到行为都被互联网束缚，个体的理性汇聚成群体的非理性。

这样的结论看上去有些悲观，难道互联网为信息传播所带来的种种便利是一种假象？真实的情况是网络用户被困在了看似友善的信息圈套中？那互联网信息传播所带来的经济发展和文化繁荣（也许有人认为互联网文化的“繁荣”并不是真正的“文化繁荣”）又该如何解释？美国著名经济学家、复杂性科学领域的奠基人之一 W. 布莱恩·阿瑟（W. Brian Arthur）在他的《技术的本质：技术是什么，它是如何进化的》一书中写道：“技术创造了我们的经济以及因之而来的财富和安全，它使我们活得比我们的祖先更长久，使我们摆脱了许多他们曾面临的悲惨境遇。”这是对技术积极面的肯定，同时他又说：“认为技术控制我们的生活，或认为技术服务于我们的生活，这两种观点都对。但同时它们也引起了不安，引起了一种持续的紧张情绪，这些在我们对待技术的态度上以及围绕它的政治活动中都有所表现。”这几乎可以看作对“矛盾论”对立统一法则的另一种阐述。网络用户与互联网的博弈并不是新奇事物，这样的博弈在每一次人类面对新技术进步的时候几乎都会发生，而从结果来看，“技术毁掉人类社会”这样的情节只出现在科幻小说里，其意义在于引导人类进行更具深度的思考，并且用实际行动来规范和引导技术的发展，而不是充满焦虑和恐惧地杞人忧天，这也是人类在面对核技术、人工智能、生物技术等前沿科技时所应该持有的态度。同样，从社会发展的角度出发，缺少核心组织与中心结构的互联网信息体系具有较强的不确定性，因而也需要像其他的技术进步一样予以规范和引导，只有这样，网络用户才能获得清朗有序的信息环境。

还有一个需要关注的问题是网络资讯的不平衡问题。前文在介绍社交网络的时候已经提到了不同微博用户的“集中性”差异，处于微博网络中心位置的“大V”连接着更多的用户，能够获取更多人的关注，因而具有更大的话语权和影响力，同样的一件事，“大V”发声后，其到达范围和传播广度是普通微博用户难以企及的，这样的现象是互联网世界不平衡特性的一个体现。如果说微博“大V”与普通微博用户之间的不平衡指的是对于同一事件“怎么说”“由谁说”的问题，那么网络资讯的不平衡则是指整个网络传播体系对于不同事件的差别对待，也就是“说什么”的问题。这样的不平衡导致的后果就是，某些对于社会公共价值具有重要意义、本应引起社会群体普遍关注的事件和资讯没有获得应有的关注。

2021年10月2日至7日，山西省出现了大范围的强降雨，全省117个县市区中有18个降水超过200毫米，最大降水出现在临汾市大宁县，太原、阳泉、临汾、长治、吕梁、晋中等地区也都创下了10月上旬累计降雨量的历史纪录。暴雨引发了一系列的自然灾害，同时造成了很大的人员伤亡和经济损失，毕竟在北方很少发生如此规模的降雨。出人意料的是，这样的一场重大自然灾害却并没有在网络资讯体系中引起过多的关注，直至暴雨已经基本结束的10月9日，“山西加油”的主题才冲上微博热搜，这还是众多来自山西的网络用户集体努力的结果，甚至出现了“无人问晋”这样令人心酸的自嘲，这与2021年7月郑州暴雨引起严重水灾时那种“千年一遇”、明星带头捐款、国人瞩目的舆论关注度形成了鲜明对比。为什么会出现这样的对比？是信息披露、救灾措施的原因吗？显然不是，山西省气象台在9月30日已经发布了暴雨预警，10月2日夜间暴雨如期而至，“山西气象”公众号当天发布信息“我们可能遭遇10月份罕见强降雨”，随后山西省接连启动了省级防汛Ⅲ级应急响应、省级地质灾害Ⅲ级应急响应和省级自然灾害救助Ⅲ级应急响应，共转移安置受灾人员近5.5万人。舆论对于山西水灾反应滞后很大程度上源于网络资讯体系的不平衡，而这种不平衡是由网络用户对于新闻资讯的4种偏好(真实、快速、新奇、隐秘)以及新闻传播的4种倾向(个人化、戏剧化、碎片化、“权威—失序”)综合作用造成的。

对于用户来说,自然灾害类的新闻通常都符合“真实”与“快速”的特性,却普遍与“隐秘”缺乏关联,因此最关键的特性在于是否“新奇”(自然灾害类新闻的“新奇”指的并不是有趣或者让人兴奋,而是自然灾害所引起的震撼、悲悯和共情)。按照这样的标准,有3个不利因素影响了山西洪水新闻的传播。首先,洪水发生在“十一”黄金周期间,多数网络用户都沉浸在浓浓的节日气氛中,对于资讯的注意力也集中在度假、消费、聚会等与节日相关的活动上面,尤其是在新冠疫情冲击下,网络用户对于悲剧色彩的新闻资讯会在潜意识里产生抵触情绪,这也是一种心理上的自我保护;其次,山西的洪水主要发生在县城和乡镇农村地区,媒体资源和传播资源处于明显的弱势地位,发生在这种环境下的事件在关注度和传播度方面与中心城市存在着巨大的差距,同时还存在着暴雨导致部分村镇与外界失联的情况,这一点与郑州的情况形成了强烈的反差,郑州的洪水发生在闹市区,众多视频主播、普通市民在第一时间和第一现场拍摄的视频瞬间引爆了网络,掌握着网络话语权的城市居民看到这样的景象之后很容易感同身受;最后,不同地区的网络热度有着明显的差异,在这方面,山西与其他省份相比处于劣势,与山西有关的新闻更难引起别人的关注。从这样的对比来看,还有一场暴雨与山西暴雨的情形非常类似,那就是与郑州暴雨同样发生在2021年7月的河南新乡暴雨,同样是发生在乡村地区,受灾群体同样在网络话语权上处于弱势地位,同样是急需舆论关注却迟迟等不来相关的报道和传播。

对于网络资讯媒体来说,在没有外部监管约束的情况下必然会追求个人化、戏剧化、碎片化的倾向,必然会导致“权威—失序”,这在网络热搜野蛮发展的时代已经被无数次证明过。同时,在系统算法的驱动下,网络资讯平台围绕着用户的个人兴趣点进行持续的满足和强化,弱化甚至忽视缺乏经济价值的社会弱势群体的需求,对不平衡的互联网资讯传播体系进行不断的加固。在这种体系的笼罩之下,乡村居民这样的互联网话语权弱势群体虽然可以获得信息,但却只能做一个被动的接收者,无法通过互联网去传播自身的影响力，始终面临着被边缘化的风险。对弱势群体而言，不平衡的互联网资讯体系只是一个单向的传声筒，他们面临着另外一种深层次的信息鸿沟。基础设施的完善、使用习惯的培养可以跨越无法获得信息、不会利用信息这样的表面化数字鸿沟，而源于结构不平衡的深层次信息鸿沟需要依靠布莱恩·阿瑟提到的对于技术的规范和引导来克服。

第六章

心理与行为的内在秩序

第一节　一切皆算法

如今,数以亿计的网络用户夜以继日地在互联网世界中浏览资讯、阅读小说、购物、聊天、看短视频、看影视剧、玩游戏、发朋友圈、发微博,每个人的活动都是一朵小小的浪花,这些浪花汇聚到一起形成了互联网的汪洋大海。如同面对大海的水手一样,在互联网海洋中沉浮的网络用户同样会面对各种各样难以捉摸的顺流、逆流,以及无法驾驭的惊涛骇浪。

一个跃跃欲试在“双十一”或者“618”抢购商品的消费者很可能与自己期盼已久的优惠价格或者网红商品失之交臂,她不明白,自己事先做足了功课,熬到半夜看准时间迅速下手,为什么还是慢了半步。有的UP主用户精心经营着自己的短视频账号或者公众号,用尽各种手段推广引流,收获的关注却寥寥无几,而那些他们认为无聊、低俗、惹人厌的账号却坐拥百万粉丝,各种软硬广告持续地将流量变现,他们在“羡慕嫉妒恨”的同时也十分不解,自己的作品为什么就没有这样的吸引力。还有的普通用户每天都因为各路流量明星的花边新闻而不胜其烦,他们非常困惑,难道真的有那么多人喜欢这些没有作品、只会耍帅卖萌蹭热点的所谓明星吗?如果有,为什么这些人的“品味”如此之“低”?难道他们真的只是因为一张脸而喜欢一个不认识的人吗?如果没有,那又是什么力量在背后支撑着这些明星渗透到互联网的几乎每个角落?

而站在互联网服务提供者的角度来看,它们可以广泛获取各种数据信息,有海量的存储空间来实现数据积累和沉淀,并且建立了专业的团队利用性能超强的分析工具和设计精巧的方法模型来进行研究分析,但即使是这样,用户的行为仍然是如此难以捉摸。他们试图去预测用户的兴趣、关注点、购买意愿、驻留时长,从短期来看也许是有效的,无数的互联网业务平台因为把握住了一部分网络用户的某种需求勃然而兴,风生水起,似乎已经将网络用户的行为规律尽数掌握，但从长期来看，这种掌握的难度非常大，大浪淘沙之后能够屹立不倒的互联网平台并不是很多，几乎所有的赛道都被有限的几个头部平台所占据，而众多平台被淘汰或许有各种各样的原因，但归根结底，用户的需求发生了变化，或者需求满足的方式发生了变化，进而导致行为发生变化，而平台没有发现或者无法匹配这种变化，结局就只能是被淘汰。

所以，不管对于网络用户还是业务运营平台来说，互联网的世界都是一个极其复杂的系统，充满了难解的谜团。更重要的是，作为身处其中的一分子，所有的网络用户个体和研究团队都只能通过有限的认知手段去获取对于互联网世界的某些认识，却无法开启所谓的“上帝视角”认清其全貌，“不识庐山真面目，只缘身在此山中”。那么，能不能找到一种理论或者方法，把网络用户个体基于个人需求的行为方式与群体的行动结果有效对应起来，从而实现对互联网世界运行规律的具象化描述和量化判断？

这是一个极其宏大和复杂的问题，但却并不新鲜。自古以来，人们从心底里渴望揭示所处世界的运行规律，一直在进行孜孜不倦的努力，并且获得了牛顿经典力学、相对论、麦克斯韦方程组等影响深远的重大成果。近代以来，人们将探究的目光转向诸如天气系统、生态系统、人体免疫系统、股票市场这样的复杂系统，通过系统动力学、混沌理论、熵理论等科学方法构建了各种各样的分析模型从不同角度来描述和揭示复杂系统的运行规律。严谨的科学理论必然拥有非常深刻的哲学内涵，并且具备十分广泛的适用度，同样也可以为互联网世界网络用户行为和心理的活动特征提供清晰的逻辑。

用科学理论分析网络用户的行为和心理特征也是一个建立模型的过程，可以采用建立模型的几种方法。首先，任何模型都无法做到面面俱到地反映出系统所有的要素，因此要根据建模的目的来选取主要的维度和属性，对于其他的部分则进行整合或者剔除。例如，要建立一个论文重要性的评价模型，可以选取论文的出处和被引用量两个属性来进行评估，而对于论文的篇幅、作者职称、发表日期等要素则不予考虑，因为这些要素与论文的重要性关联度不高。其次，构建模型需要将具体的要素属性进行抽象化的提炼，这样的做法可以使构建的模型具备一定程度的广泛性，从而可以解释更多的系统。例如，在前文《魔兽世界》的例子中，通过研究游戏用户的行为而建立的模型可以应用在对传染病传播的分析中，这是因为游戏和传染病虽然拥有不同的系统属性，但它们经过抽象后的逻辑内核是相通的，只是在具体的参数设置方面会有区别。最后，构建的模型要保持一定的开放性，也就是说允许更改某些属性和参数的设置去描述一些通常情况下不可能发生的场景，以此进一步拓展模型的用途。例如，前文假定在《水浒传》的世界里出现社交网络这样一个根本不可能出现的属性，一个普通的梁山小喽啰有可能会获得什么样的社会影响力，这样的方式可以帮助人们理解互联网对于信息传播和社会运转所产生的巨大影响。构建基于网络用户行为和心理的模型的时候，既可以选择以上三种方法中的一种，也可以互相组合，从而将互联网世界中的各种表面现象与相关的理论联系起来，形成可理解、可验证的解释，对潜在的各种可能性进行探索性的预测，以此来指导集体或个人的心理认知和行动上的策略选择。

清华大学教授徐恪在他的《算法统治世界：智能经济的隐形秩序》一书中提出，互联网已经彻底改变了经济系统的运行方式，经济增长的决定性要素已经从原来的物质资料转变为信息，但这些信息必须是“有序”的，包含在信息里的隐形秩序才是今天互联网世界的真正价值所在。这里提到的“秩序”，就是通过模型来表征的网络用户行为和心理的运行规律，用更加确切和直观的词汇来描述的话，就是“算法”。徐恪教授在书中将“算法”描述为：“人类的思维其实就是算法，思维决策的过程其实就是算法的运行过程。”在《未来简史：从智人到智神》中，作者尤瓦尔·诺亚·赫拉利（Yuval Noah Harari）将“算法”定义为“进行计算、解决问题、做出决定的一套有条理的步骤”，这与徐恪教授的定义有很大的共通之处，即在一定的输入下，经过分析和思考，形成相应的决策结果。算法的主体可以是人，可以是机器，可以是动物，甚至可以是植物。人会思考通过什么方法解决眼前的问题，计算机可以按照既定的程序输出计算结果，动物会基于生存的本能选择相应的行为，植物的分析和思考过程可能不那么直观，举一个最简单的例子，我国北方的秋天到来之后，在外界温度和湿度变化的数据输入下，梧桐树的叶子开始掉落，其通过减少水分的蒸发来应对即将到来的冬季，这就是梧桐树在生物进化过程中获得的算法。不论是人、计算机、动物还是植物，算法的输入都来自某种需求，生物的需求来源于生理和心理，计算机在形成拥有自我意识的智能之前其需求来源于人的需求；输出则是某种行为，动物和植物的输出更倾向于对需求本能的反应，计算机的输出是程序运行的结果，人的输出则会更加复杂，有时候最强烈的需求也无法导致必然的行为。

在互联网的世界里，算法至关重要，甚至可以说互联网的一切都是建立在算法之上的。网络用户在互联网中寻找自己需要的信息，运营平台也在寻找自己的目标客户，二者犹如在迷宫出入口相向行进的两个人，如果想在蜿蜒曲折的道路中相遇，就需要通过某种方法来确定彼此的位置，这种方法就是算法，而算法所依据的基础就是网络用户的心理与行为之间的内在联系，这也是算法的必要输入。因为算法的存在，互联网这个复杂系统的运行变得有规律可循。简单来说，互联网世界的主要算法包括搜索算法、推荐算法、分配算法、匹配算法、动态定价算法、数据挖掘及隐私保护算法等，这六种算法基本反映了所有互联网业务的运行内核，揭示了个体行为和心理作用下网络用户彼此之间互相影响、互相作用的综合反馈过程和结果。

第二节 搜索算法

搜索算法以搜索引擎为最典型的应用，《算法统治世界：智能经济的隐形秩序》一书中介绍了谷歌的 PageRank 算法和美国康奈尔大学乔恩·克莱因伯格（Jon Kleinberg）博士于 1997 年首先提出的 HITS（Hyperlink-Induced Topic Search）算法。

在谷歌的两位创始人谢尔盖·布林（Sergey Brin）和拉里·佩奇（Larry

Page)发明 PageRank 算法之前，互联网搜索领域的主要信息检索方式是文本检索，通过布尔模型、向量空间模型或概率模型来计算搜索关键词与网页文本内容的相关程度。文本检索方式的逻辑内核比较符合人们思考问题的正向思维，易于理解，但存在着一个不可避免的问题，即搜索的焦点仅集中于搜索关键词与网页文本内容的匹配，而没有考虑网页之间的关联，这意味着，文本检索的目标是互联网世界中一个个孤立的点，没有顾及各个点之间的“连接”，而这些“连接”才是互联网的本质特征。在这种情况下，文本检索的搜索质量不高，这也正是 PageRank 算法所要重点解决的问题。PageRank 算法的核心逻辑是，不仅要考虑搜索关键词与网页文本内容的匹配情况，更要分析不同网页之间的连接和指向关系，以此来判断这个网页在互联网中的重要性。一个网页被越多的网页指向，说明它在互联网连接体系中处于相对核心的位置，重要性就越强；同时，一个网页被越多重要的网页指向，说明它本身的重要性也越强。简而言之，一个网页的重要性取决于两个因素——指向该网页的网页数量和指向该网页的网页重要性。对搜索结果按照重要性进行排序，这才是满足用户需求的高质量搜索结果。

HITS 算法的核心逻辑与 PageRank 算法有异曲同工之妙。HITS 算法认为网页本身具有权威性和中枢性。权威性来源于其他网页的指向，而中枢性来源于对其他网页的指向。在对网页进行打分的时候，要分别考虑相关联网页的权威性和中枢性，不断进行加权计算直至收敛得到最终的得分。

PageRank 算法和 HITS 算法在计算方法、应用条件、适用场景等方面有所区别，但如果站在网络用户需求的角度来看，相比于单纯依靠信息对比和匹配的文本搜索，二者都可以极大地降低用户对信息进行筛选的成本，使搜索结果与用户的心理意愿具备了更高的契合度。之所以会有这样的差异，正是因为这两种算法抓住了互联网的精髓——“连接”。抓住了“连接”，也就抓住了人与人之间基于心理和需求的互动，从而使得冰冷的算法展现出具备人文色彩的一面。

第三节 推荐算法

第二种常见的算法是推荐算法，网络用户浏览新闻网站看到的新闻、页面自动弹出的广告、音乐软件推送的歌曲都是依靠推荐算法产生的。推荐算法通常是从网络用户的历史行为分析中发掘统计规律，进而推送与网络用户的兴趣爱好和需求更加匹配的互联网内容。

这其中有一个问题是，如果面对的是一个没有历史行为记录的新用户，应该如何推荐？这是一个非常重要的问题，因为精准的推送比盲目的推送能够更好地挽留用户，这是互联网运营方实现引流的关键。在这种情况下，新用户的人口统计学特征就成为至关重要的突破口。人口统计学特征包括年龄、性别、工作、学历、居住地、国籍、民族等要素，当互联网运营方接触到新用户的时候，可以将通过各种渠道搜集到的零星信息拼凑成一个略显粗糙的用户画像，再按照这个画像去数据库中寻找已存在的用户，看看他们有什么样的喜好和需求，以此来进行推送。这样的算法看起来似乎仍然不够精确，但考虑到这是在面对一个全新的用户时所做出的尝试，其效果已经足够让互联网运营方获取巨大的收益了。《算法统治世界：智能经济的隐形秩序》中援引 Lifestyle Finder 推荐系统的开发者布鲁斯·克罗维奇(Bruce Krulwich)的测试结果，对于由人口统计学特征算法生成的推荐内容，用户点击率是 89%，同时 44%的用户觉得推荐的内容是他们喜欢的；而对随机算法推荐内容的点击率仅为 27%，31%的用户喜欢推荐的内容。

同样是推荐算法，微信的朋友圈广告则走得更远，因为它在算法中增加了“连接”的因素。在按照“高活跃度”和“常参与广告互动”两个维度确定广告投放的“种子用户”之后，系统会根据这些用户与好友围绕广告的互动来进行动态更迭。互动达到标准，则广告继续显现；达不到标准则自动消失。这种做法的高明之处在于，充分利用微信海量用户所形成的无边无际的传播网络，以实实在在的互动来取代难以界定正面情绪或者负面情绪的浏览来确定用户对于广告的态度，从而极大地提升了广告投放的精准度和用户体验，而后者一直是广告投放的软肋。

网络用户到底需不需要推荐？前文已经说过，互联网向用户进行内容推荐既在一定程度上节省了用户主动搜索和筛选的成本，同时又限制了用户的认知范围，并且进一步固化了心理模式和行为习惯，从而扼杀了很多潜在的认知可能性。推荐算法一方面是在互联网的世界里开辟了供用户漫步的捷径，另一方面又成为用户探索未知世界的障碍。用户与推荐算法之间的关系不是一个"是"与"非"的互联网伦理问题，而是一个可以探讨的技术性问题，"需要"与"不需要"之间的界限并不清晰。由于用户的诉求、应用场景、辨别能力的差异会存在多种可能性，如果用户能够辨别"捷径"与"障碍"的区别，并且可以按照自己的意愿在二者之间自由切换，推荐算法对用户来说就是必要的。反之，如果用户受困于推荐算法所形成的认知障碍，这样的算法对他们来说就是有害的、不需要的。这样的结论似乎有点模棱两可，但在实际应用中，用户在推荐算法的作用下总是面对有限且相似的几类新闻资讯、网购商品、短视频内容，但他们通常不会察觉到这一点，即使察觉到也会因为心理上的惰性很难改变这一点，由此可见，推荐算法通常会让网络用户变得更"懒"。

第四节 分配算法

第三种主要算法是分配算法。复杂无比的社会经济生活可以看作是由无数合作博弈系统组成的合集，在每个合作博弈系统中，如何进行价值效益的分配是系统的核心问题。所有的系统参与者对于最终的价值效益分配结果都有自己的期望，这里的"期望"包含两个维度的考虑，第一个维度是理性维度，参与者会认真考虑自己在整个合作博弈系统中的地位和贡献，给出自己对于分配结果的判断;第二个维度是感性维度,参与者会从自认为"公平"的角度去判断价值效益分配的结果是否合理。通常来说,理性维度是期望的基础,但感性维度则会对最终的期望和行为反馈产生重大的影响,很多情况下甚至会起到决定性的作用,而这种所谓的"公平"又是普遍以利己心态和以自我为中心的认知方式为基础的,因此合作博弈系统的参与者通常都会认为价值效益分配的结果并不符合自己的期望,最终的局面就变成了"一个和尚挑水吃,两个和尚抬水吃,三个和尚没水吃"。

解决分配问题有多种思路,其中就包括著名的夏普利值(Shapley Value)分析法,这种分析法由 2012 年诺贝尔经济学奖得主、美国加州大学洛杉矶分校数学和经济学名誉教授罗伊德·夏普利(Lloyd Shapley)提出并用他的名字命名。夏普利值分析法的主要思想是,在一个由多个参与者组成的合作博弈系统中,某个参与者最后获得的价值利益分配要根据这个参与者按照所有可能的顺序加入合作博弈系统之后对整个系统产生的价值增加值的均值来计算。这里引用美国密歇根大学学者斯科特·佩奇编写的《模型思维》中的例子来对夏普利算法做详细说明。

假设某家公司有三名员工,甲只会讲 A 语言,乙只会讲 B 语言,丙则同时会讲 A 语言和 B 语言,而这家公司的业务必须有 A 语言和 B 语言同时在场才能开展,并获得 600 元的收入,同时,只要业务能够开展,再增加员工也不会增加收入。因此,甲、乙、丙三名员工到达公司的顺序有 6 种可能,即甲乙丙、甲丙乙、乙甲丙、乙丙甲、丙甲乙、丙乙甲。对于甲乙丙的情况,甲的出现并不能开展业务,乙的出现才可以开展业务,因此甲的增加值是 0,乙的增加值是 600,丙的增加值是 0。按照这样的计算方法,所有次序中甲、乙、丙的增加值和夏普利值如表 6-1 所示。因此,甲、乙、丙三人进行价值效益分配的基础比例应该是 100∶100∶400,也就是 1∶1∶4。

在这个模型中,甲、乙、丙三人组成了一个合作博弈系统,他们各自能力上的差异导致其在系统中所处位置的区别,进而导致在工作量相同的情况下分配基数的巨大差距,这种差异虽然可能会引起处于不利地位的参与者的质疑,但他们只能在感性维度方面表达自己的不满,而且这种不满在整个逻辑清晰的分配算法面前会显得非常无力，最终的结果通常是他们接受这种结果，或者去努力改变自己在系统中的位置。

表 6-1　夏普利值计算过程

	甲	乙	丙
甲乙丙	0	600	0
甲丙乙	0	0	600
乙甲丙	600	0	0
乙丙甲	0	0	600
丙甲乙	0	0	600
丙乙甲	0	0	600
增加值合计	600	600	2 400
夏普利值	100	100	400

互联网世界中也存在着众多的价值效益分配问题，例如，对于共享出行平台与注册车主之间的利益分配，站在车主的角度看，自己要提供车辆和人工，还要负担所有费用，承担各种风险，遵守那些近乎苛刻的管理要求，最后还必须按照平台的规定上缴很大一部分自己辛苦赚取的收益，没有任何的议价能力。从感性维度来分析，这样的分配局面几乎是不可接受的，但他们又清楚地知道，在共享出行平台与注册车主组成的博弈系统中，唯一能够提供出行信息和调度功能的参与者是平台，其在能力上具有不可替代性；其他所有的注册车主彼此之间虽然可以靠车辆类型、服务水平、服务区域来进行一定程度的区分，但由于数量庞大，其可以提供的出行服务彼此之间具有极强的替代性。因此，最终的博弈结果是，共享出行平台占据了整个系统几乎全部的夏普利值，而单个用户的夏普利值则几乎为零。当然，实际的运营结果并不会按照 100 ∶ 0 的比例来进行利益分配，因为这样会导致整个共享模式不复存在，平台和单个用户在夏普利值上的差异只会决定二者对这个博弈系统在影响力和控制力上的巨大差别，平台方会利用这种差别来制订对自己最有利同时又保证注册车主群体不断扩大、出行服务能够顺利实施的利益划分方式，而对于所有依赖博弈系统的注册车主，即使在感性维度存在

不满，但在分配算法所形成的“地位差”面前，也只能被动地接受。

第五节 匹配算法

第四种主要算法是匹配算法。每个人在与其他人因为某种事件完成匹配之前都有自己的客观条件，也有自己对于事件的整体期望，二者之间是双向选择的关系，但在很多情况下这种选择是失衡的，即客观条件与期望并不能画等号，这也是由人的利己心态造成的。最典型的例子就是婚姻问题，有的婚姻并不是“门当户对”“两情相悦”的，但这并不妨碍人们完成婚姻。然而，从最终的结果来看，多数人都能够完成婚姻，也就是说双方会克服客观条件和期望之间的失衡，最终完成匹配。这是一个怎样的过程?

1962年，分配问题中夏普利值分析法的发明者罗伊德·夏普利与加州大学伯克利分校的戴维·盖尔(David Gale)教授在《美国数学月刊》共同发表了一篇名为《大学招生与婚姻的稳定性》的论文，提出了著名的Gale-Shapley匹配算法，其也被称为延迟接受算法。Gale-Shapley匹配算法是一个不断迭代的过程，以配偶匹配为例，一定数量的男士和女士参加一场集体相亲活动，所有人都会按照喜好对所有的异性形成自己的排序，然后第一轮匹配开始，由所有男士向各自心中排在第一位的女士发出邀请，每位女士在收到邀请后会根据自己的喜好决定暂时接受邀请或拒绝邀请，而没有收到邀请的女士则会继续等待。在第二轮匹配中，暂时匹配成功的男士将不再发出邀请，未匹配成功的男士继续发出邀请，暂时匹配成功的女士如果收到邀请，则会将第一轮的男士与本轮的男士进行对比，按照喜好做出选择，没有收到邀请的女士则继续等待。如此往复，经过多轮次的双向选择最终完成匹配，尽管总会有人保持单身，但多数人依靠算法的力量降低了选择配偶的盲目性，最终匹配成功。Gale-Shapley匹配算法虽然没有复杂的证明推导和数学方程，但却通过双向选择机制的设计有效降低了系统参与者的客观条件与心理期望之间的失衡，使整个系统处于一种稳定的状态，这样的思路也被应用于社会生活的其他领域。

先后任教于美国伊利诺伊大学、匹兹堡大学、哈佛大学和斯坦福大学的经济学家埃尔文·E.罗斯（Alvin E. Roth）将Gale-Shapley匹配算法的应用领域拓展到了医疗、学生择校、拍卖等多个领域，并在其著作《共享经济：市场设计及其应用》中探讨了社会资源配置过程中如何利用Gale-Shapley匹配算法来完成市场设计，以解决价格机制调控下的市场失灵问题，从而在一定程度上实现社会资源的最优配置。书中指出了市场设计的四个原则，即需要保持市场稠密度（指可供选择对象的多样性）、避免阻塞、保证安全、简便易用。2012年，埃尔文·罗斯与罗伊德·夏普利因为在稳定分配和市场设计方面的研究成果共同获得了诺贝尔经济学奖，戴维·盖尔由于已在2008年去世而未能获奖。

在众多的互联网应用中，最典型的匹配问题是网络购物和共享经济中的信任机制、社交网络的好友配对以及即时战略类网络游戏的对手组队。对照埃尔文·罗斯的市场设计的四大原则，不难发现，由于互联网世界的庞大和便捷，保持市场稠密度、避免阻塞、简便易用已经完全不是问题，关键在于如何保证安全。

在网络购物和共享经济的信任机制设计中，供求方有充分的双向选择权，它们的所有行为属性都凝结为"用户评价"这一个维度，在假定商品信息相同的情况下，需求方通常会根据"用户评价"来做出自己的决定，而供应方也会有"黑名单"这样的自我保护机制，交易平台所要做的就是确保信用评分的真实性，也就是保证信用机制的安全，以此为基础确保供求方实现最大程度的匹配。如前文所述，匹配算法解决的信任问题成为网络购物发展的基石。

而在社交网络和即时战略网络游戏中，首先是运营平台根据用户的客观情况通过推荐算法来进行安排，然后用户会将应用体验与自己的心理期望进行对照，并用继续使用该应用或者去选择其他应用来做出满意或者不满意的反馈，平台再根据反馈不断优化匹配的结果，整个过程在微观层面是推荐算法，在宏观层面则是一个匹配算法，即众多的网络用户与众多的应用平台之间的双向选择。以即时战略类网络游戏为例，玩家之间的游戏水平有着天壤之别，如果不加区别地随机配对，高手与新手混杂在一起会使得战斗失去平衡性，严重影响游戏体验，玩家们会选择“用脚投票”去玩别的游戏。为了避免这种情况，游戏平台会按照某种分类模型将游戏能力和心理期望更为接近的玩家分配到一起，再根据用户的反馈来不断优化匹配，通过“初始推荐—玩家反馈—优化推荐”的匹配流程之后，游戏的平衡性可以得到充分地发挥，用户在游戏中会获得更加刺激的战斗体验。在最关键的安全方面，监管机构和运营平台通常会通过实施实名制、治理不良信息、禁用非法软件等手段来实现。

第六节　动态定价算法

第五种主要算法是动态定价算法。商品的价格波动是伴随了整个人类商业史的社会现象，对所有人来说司空见惯。在价格形成和变化的过程中，由于信息不对称的原因，供求双方确定自己的价格接受区间的方式完全不同。供应方在定价的时候要考量商品所处的生命周期、研发和制造成本、对需求方的需求预测、面临的同质和异质竞争等众多因素。需求方对价格形成的内部机理并不完全了解，但可以凭借自己过往的使用体验或者别人的评价来初步确定自己的心理底线，如果可能的话再通过货比三家的方式来选取最优解。对比来看，供应方的定价方式综合了多种定量和定性的考虑，显得更为理性，而需求方的定价方式更加偏向于个人体验和自我感受，感性的成分居多。在理性与感性的交织中，双方完成了讨价还价的心理博弈，最终成交的价格代表了双方心理曲线的交汇点，这是微观经济学中最基本的定价模型。

在图 6-1 所示的定价模型示例中，纵轴代表价格，横轴代表成交商品的数量，在当前的市场条件下，S_1是供给曲线，D_1是需求曲线，分别反映了不同价格下供求双方对于商品的供给量和需求量，供给曲线斜率为正，说明供给量与价格成正比，需求曲线斜率为负，说明需求量与价格成反比。D_1与S_1的交点E_1就是当前的均衡点，即在当前的市场条件下，供求关系的匹配均衡点，与之相对应的是当前的价格P_1和成交量Q_1。随着市场条件的变化，需求曲线和供给曲线都发生了变化，变动到了D_2和S_2的位置，并且形成了新的均衡点E_2，对应新的价格P_2和成交量Q_1。例如，在共享出行平台上，晚高峰出行人群大幅增加，用户为了能够打到车可以接受更高的价格，需求曲线向远离坐标轴的方向移动，同时这时路况变得非常拥堵，行车的油耗和时间成本都大幅增加，出租车司机也希望得到更高的回报，供给曲线斜率变大，相较于平时车费也就大幅提高。当然，以上过程只是对于市场状态最简单的描述，真实情况下的供求曲线会更加难以准确描述，其变动的轨迹会更加复杂，但基本的原理是一样的。

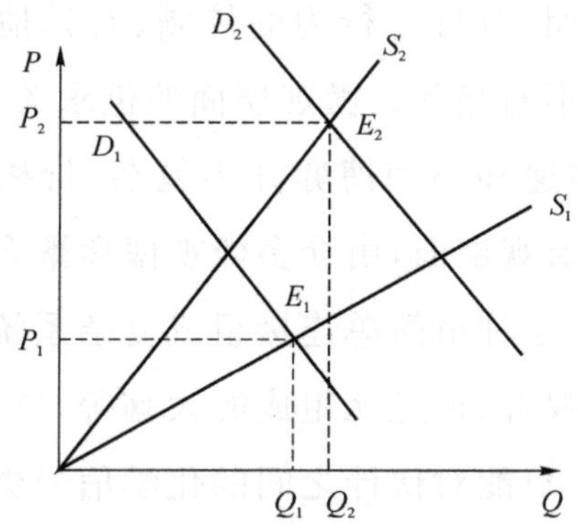

图 6-1　供求曲线

互联网世界里商品的定价过程也遵循这样的原理，区别在于，传统市场中的供求方需要自行搜集当前的市场信息，同时可以自己决定采取的价格，即使是有专门管理市场的监管机构、发布市场信息的电子平台这样能总览全局的第三方，其起到的作用也通常是规范市场秩序、提供便利化服务，价格的确定、利益的划分还是需要由供求双方博弈确定。但互联网世界里决定价格的除了供求双方和监管服务第三方外，还有购物平台、共享经济平台这样的第四方，它们虽然也会在自己的业务范围内履行管理和服务的职能，但最主要的目的是深度参与到买卖过程之中并以各种形式参与利益划分，而且，人工智能、大数据技术加持下的现代算力设施为网购平台、共享平台提供了极为强大的计算能力，它们以秒甚至更小的周期来计算，同时为数以千万计的买卖方提供连接和结算，不断地根据供需情况和成交状态对交易规则进行动态调整，以确保所有的业务可以顺利进行。供应方会根据平台发布的信息和指令去调整销售策略，在平台规则的框架下努力实现效益最大化。而作为需求方的网络用户在冰冷的规则制订者和殚精竭虑的供应方面前似乎显得有些弱小，他们当然想坚守自己的心理底线，但再牢固的堤坝也经不起洪水持续不断的冲击，当“双十一”购物车里心仪已久的商品瞬间被抢光、晚高峰时候的网约车价格翻了一倍还要一直排队时，网络用户的心理预期自然会发生变化，从而不自觉地进入了平台制订的节奏。

在这样一个互联网动态定价体系中，平台、供应方和需求方在互联网的连接之下，对利益的预期、对自身行为的控制、对其他参与者的影响交织在一起，推动着商品价格不断起落。微观层面的供求关系是简单的连接关系，供求双方之间的信息传递和心理博弈并不复杂，价格的形成机制和交易规律也都易于理解，而在宏观层面，由众多微观博弈聚合在一起组成的系统会表现出极高的复杂度。这种由简单连接组成复杂系统的现象在自然界中非常普遍，如蚂蚁组成的蚁群、神经元组成的大脑等，更重要的是，复杂系统会产生极其精密的行为。只能对伙伴之间的化学信号做出简单反应的蚂蚁可以通过严丝合缝的社会分工进行社会性极强的群体活动，构建出复杂的建筑。大脑从生理上来说只是众多神经元连接在一起并互相传递生物放电信号的活性组织，却可以产生智能、情感这样的复杂结果。可惜的是，蚁群的秩序会崩溃，大脑的功能也会出现混乱，互联网动态定价系统的功能有时会提升社会资源配置效率，使广大的网络用户从中获益，有时则会出现价格失控、市场紊乱的现象，如同传统市场经济中“看不见的手”有时会失灵一样，损害网络用户的利益。例如，平台方利用信息差对商品进行炒作，使其价格远远高于合理的范围，对用户进行“割韭菜”，或者利用大数据对老用户“杀熟”。对议价能力有限的网络用户来说，只要参与到动态定价系统之中，似乎就注定只能做一只普通的蚂蚁或者一个最简单的神经元，只能被动地接受系统不可预知的复杂特性。

第七节 数据挖掘及隐私保护算法

第六种主要算法是数据挖掘及隐私保护算法。互联网世界就是数据的世界，网络用户的任何行为都会留下痕迹并产生数据，而通过对数据的分析和处理去解释某种隐藏的规律是人类社会发展过程中的一项基本工作，互联网上的海量数据就成为“取之不尽，用之不竭”的矿藏，众多的社会管理部门、商业机构和个人都希望能在现代科技的帮助下从中获得隐秘的宝藏，“挖掘”这样的叫法非常形象地体现了透过数据寻找规律的精髓，挖掘的过程就是人们从数据中寻找经济价值的过程。

为了说明数据的价值，这里引用《算法统治世界：智能经济的隐形秩序》一书中一个精准营销的例子。假设有一个网页广告位，如果向所有受众用户展示剃须刀广告，则可以获得 10 000 元的广告收入；如果可以将受众用户按照性别进行划分，并向男性用户展示剃须刀广告，向女性用户展示美妆广告，则可以分别获得 6 000 元的广告收入，而总的广告收入就是 12 000 元。对于广告运营方来说，把受众用户按照男女进行划分就产生了 2 000 元的增加价值，而对于剃须刀厂商来说，相同的广告宣传效果则节省了 4 000 元的成本。对受众用户按照性别进行分类的算法给买卖双方都带来了价值，问题的关键就是要找到区分用户性别的路径，而这就要依靠对于用户数据的挖掘。

除了例子中的精准营销，数据挖掘算法已经渗透到了社会经济生活的方方面面，例如：根据汽车行驶过程中产生的时间、地点、路线数据来制订更有针对性、成本更低的汽车保险价格体系；依据手机用户的位置信息来分析城市人群的迁移特性，以此为基础实现实时交通管理，提升整个城市的治理水平；分析社交网络中用户之间的连接情况，按照“物以类聚，人以群分”的原理来对用户进行社交画像，进而能够更精准地评价用户的信用情况；分析社交网络中关于某部新上映电影的话题的出现频率、分布区域、态度情况等信息，从而预测电影的票房。甚至有一种极端的“数据主义”观点认为，万事万物的运行发展轨迹都可以通过对数据的分析和挖掘来确定，“算命”这样预测未来的行为可以通过数据挖掘的形式来实现。无论这种极端的理论是否能成为现实，毋庸置疑的是，数据挖掘已经成为现代互联网运营的基石，这样的地位在未来的发展中将会得到进一步的强化和巩固，而数据的经济价值也将会进一步显现。

有经济价值的事物必然会引起纷争，数据也不例外。数据的产生需要由互联网应用平台和网络用户共同作用才能完成，而实际的管理权限通常归属于平台一方，这就必然会引发关于数据归属、应用范围和用户隐私保护的争论，对网络用户来说这些问题至关重要。

从“现实主义”的角度看，这些问题与自己生活的安全和利益息息相关，没人愿意承担因为个人信息泄露而造成的损失，如电信诈骗、盗刷信用卡，也没人愿意接受无休无止的电话推销、定向广告推送和陌生人推荐，这是显而易见的结论。2021 年 8 月 20 日，我国十三届全国人大常委会第三十次会议表决通过《中华人民共和国个人信息保护法》，自 2021 年 11 月 1 日起施行。国家互联网信息办公室等监管部门也会定期监测、公布和处置手机 App 违法违规收集使用个人信息的情况。在依法保护个人信息的同时，相关机构也逐渐探索建立大数据交易市场，以满足社会经济发展对于大数据的需求。2015 年 4 月 15 日，贵阳大数据交易所正式挂牌运营并完成首批大数据交易，这是全国首家大数据交易所，随后上海数据交易所、华中大数据交易所、浙江大数据交易中心、河南中原大数据交易中心等一批具有政府背景的大数据交易平台相继出现，共同推动大数据交易法律逻辑和商业逻辑的逐步完善，以此推动大数据交易产业的发展。

而从更加“理想主义”的角度看，这些问题决定了网络用户在面对互联网世界时能在多大程度上维持自己作为自由个体的独立意志，而不仅仅是处于摄像头和显微镜下完全失去自我的符号和代码。在消费者行为理论中有一个概念叫作“自我概念”，美国学者戴维·L. 马瑟斯博（David L. Mothersbaugh）和德尔·I. 霍金斯（Del I. Hawkins）合著的《消费者行为学》（第13版）中将其定义为“个人将其自身作为客观对象所具有的所有思想和情感的综合，是个人的自我感知或情感指向。也就是说，自我概念是由对自己的态度构成的”。作者按照东西方文化的差异将自我概念分为相互关联、互相依存的“依赖型自我概念”和强调个人目标、个性、成就、欲望的“独立型自我概念”，通常这两种类型是交织在一起的，人们在与外部环境的交互中通常都会具备这两种针对自我的态度，但其中最核心的就是“自我”这个概念，依赖也好，独立也罢，都是人们追求“自我”的方式和途径，在依赖中完善自我，在独立中发现自我。当“自我概念”遇到数据挖掘算法时，二者便会产生不可调和的矛盾，即使是在相对安全的个人信息保护体系下也同样如此，因为一切个人信息都被平台掌握，未来的行为也在算法的预测和平台的引导之下变得有迹可循，网络用户“依赖”和“独立”二元结构自我概念被互联网算法强降维打击，通往“自我”的路径被全部切断，剩下的只有不同程度的“被控制”，这对于那些敏感、独立、渴望保持自我的网络用户来说是不可容忍的。

当然，可能对大多数网络用户来说，他们更倾向于从“现实主义”的角度去考虑大数据算法和个人隐私保护的问题，较少考虑“理想主义”的问题。即使已经意识到自己的数据正在被收集和利用，因为他们收到了掌握自己个人信息的推销电话，或者手机浏览过的商品出现在了计算机页面广告中，但只要没有对自己产生直接的损害，也就不会特别在意，一方面是因为即使在意也无济于事，目前的生活状态不可能离开互联网，另一方面是因为他们更关心的是在互联网世界中获得的便利和愉悦，数据只是为了获得便利和愉悦所必须付出的成本，甚至连成本都称不上。

第八节　算法的牢笼

不光是大数据算法，包括搜索、推荐、分配、匹配、动态定价等在内的所有算法交织在一起，使得互联网变成了一个慈眉善目却又不可抗拒的管家，科幻电影里失控的人工智能反过来控制人类的场景成为现实，尽管这样的描述似乎有一些“精神洁癖”的味道，但对所有网络用户来说，算法对自我概念所施加的影响几乎是不可避免的，心理、需求、行为之间的关系已经在不知不觉之中被重新塑造，互联网已经变成了一张笼罩一切的看不见的“网”。

2020 年 9 月 8 日，《人物》杂志发表了题为《外卖骑手，困在系统里》的文章，将媒体的目光瞄准了在外卖平台算法的驱动下疲于奔命的外卖骑手。在数字经济时代，外卖平台的算法越来越完善，整体配送效率越来越高，但安排给骑手的配送时间过于紧张，规划的行进路线含逆行，骑手超时会面临高额罚款，这样的局面必然会使得交通违章、交通事故成为常态，正如文章中所写的：“超速、闯红灯、逆行……在中国社科院研究员孙萍看来，这些外卖骑手挑战交通规则的举动是一种逆算法，是骑手们长期在系统算法的控制与规训之下做出的不得已的劳动实践，而这种逆算法的直接后果则是——外卖员遭遇交通事故的数量急剧上升。”

除了针对外卖骑手个体的时间限制，平台还专门为外卖骑手这个群体设计了驱动算法，即通过设立对应不同收益的等级体系，驱动外卖骑手不断提高自己的工作强度，虽然等级越高收益越高，但骑手们想要维持等级的压力就越大，这种设计“不仅具备成瘾的可能性，还巧妙地把骑手的自我价值实现与资本管理结合在一起，而游戏化的外衣则为算法的剥削进行了普遍的、内化的、合理的解释”，而且，即便外卖骑手们越来越快，算法也不会满足，"系统要求骑手越跑越快，而骑手们在超时的惩戒面前，也会尽力去满足系统的要求，外卖员的速度越来越快，也变相帮助系统增加了越来越多的短时长数据，数据是算法的基础，它会去训练算法，当算法发现原来大家都越来越快时，它也会再次加速"。凡此种种，外卖骑手犹如困在算法中的工蚁，在算法的桎梏下陷入无限循环。此外，苛刻的时间要求还增大了外卖骑手、顾客、门店员工之间发生冲突的可能性，也增大了外卖骑手的心理压力和工作成本。

生存的压力导致外卖骑手时刻面临来自算法的压力和挑战，而作为外卖接收方的网络用户同样无法置身事外。由于算法驱动外卖骑手不断提速，网络用户会对整个系统效率的保持和提高习以为常，当配送出现超时，他们的心里必然会产生负面情绪，而一部分网络用户就会选择差评或者投诉，外卖骑手为了避免超时而受到的处罚和损失必然全力以赴遵守平台的时间要求，"平台—骑手—网络用户"组成的系统产生"鞭打快牛"的效果，整体效率继续提高。然而，这种效率提高对于网络用户来说并不是没有成本的，作为外卖的接收者，他们可以享受便捷的服务，但作为一个普通的行人，则要承受系统效率提高产生的风险外溢，最大的风险来自外卖骑手超速和交通违章导致的安全隐患增加。几乎所有的人都对道路上逆行、超速、胡乱鸣笛的外卖电动车深恶痛绝，却没有意识到自己对于外卖配送不断提高的时间要求在很大程度上正在不断刺激交通乱象的产生。

无论是外卖骑手还是消费者，或者是使用其他互联网业务的网络用户，都遵循着"需求加心理导致行动"的行为模式，都避免不了汇入数据洪流成为算法素材、被算法驱动的命运，这似乎是一种充满悲剧色彩的命运。但是，正如前文中提到的，互联网世界本来就是人们在现实世界之外拓展出来的一个生存空间，这里虽然没有风雨雷电、万有引力这样的自然法则，但同样有自己的运行法则，各种各样的算法就是运行法则的直观体现。网络用户群体在算法面前的束手无策，正如人在自然法则面前的无能为力一样，是人与外部环境对抗和博弈却又依附于它的必然结果。互联网是技术进步的产物，在互联网的世界里人们可以一定程度地跨越时间和空间，获得便利和愉悦，但也不可避免地受到互联网的限制甚至控制，这表明，即使是在自己创造的虚拟空间里，作为自然界一分子的“人”也必须遵循外部环境的运行规则，对所谓“绝对自由”的追求注定是徒劳的。

第七章

离不开的互联网

既然互联网的世界不是世外桃源，作为一个普通的现代人，能不能离开互联网？这里的“离开”是指尽可能地与互联网实现真正的分离，而不是参加“××小时断网挑战”之类的游戏。

假设一下，因为实在是厌倦了互联网带来的信息轰炸和同质化的生活方式，一位资深的网络用户张三决定离开互联网，除了工作期间必须使用电子邮件、视频会议外，所有的私人时间都要像20世纪八九十年代的人一样去生活。当然，张三非常了解互联网带来的便捷和低价，所以他做了周密的准备。张三把家中的宽带办理了停机，把智能手机换回了功能机（抛弃互联网并不是抛弃移动通信，打电话和短信是必须保留的功能），这样就在物理上与互联网实现了切割；接下来就要解决生活问题，张三重新把公交卡、现金和信用卡装进了钱包，确保能购物和出行，去广电公司重新开通了有线电视账号，去图书馆办了借书卡，在许久没有光顾的书报亭买了几本杂志，还重新购买了光驱和光盘，这样就可以用没有连接网络的计算机来看电影、电视剧以及玩单机游戏。这个时候新冠疫情来袭，健康码成为必需品，所以张三为自己的计划做了妥协，保留智能手机用来展示健康码，同时可以兼顾电子办公，但严格禁止其他的上网行为。一切已经准备就绪，张三正式开始了没有互联网的生活。

最初的两三天，张三虽然有些不太适应，但总体来说感觉不错，几乎有一种从喧嚣的大城市到海边度假的清净，这种久违的清净带给了张三很新奇的愉悦感。但很快，愉悦感消失了，不适感持续增强，张三的内心开始受到煎熬，因为打电话和发短信无法满足社交需求，他既不知道朋友们此刻在做什么，也不能把自己的状态和感受分享出去。同时，电视、杂志、书籍、单机游戏在娱乐和资讯方面的丰富度、便捷度根本无法与互联网相比，张三只要一想起自己追的剧集和综艺、最爱的手机游戏就会觉得心痒难耐。如果说娱乐方面的压力还算是小问题，那接踵而至的生活难题则难以克服，下班之后领导打电话质问为什么不回微信，加班过程中没办法上网查找资料，去商场、超市买东西发现价格明显高于网购，出门没有打车软件很难打到车，去一个陌生的地方没有手机导航寸步难行，靠找别人问路就会浪费很多时间，没法订外卖，自己做饭的时候也没法搜索网上的菜谱，想去医院挂号只能去窗口排队。张三明显低估了离开互联网对生活造成的影响。

经过一段时间的努力之后，身心俱疲的张三感觉自己似乎被社会抛弃了，他决定回归互联网，但这一段时间的经历没有白费，他有了新的感悟。在重新梳理了生活的重点之后，张三整理了手机，只保留了生活中必需的几类 App，以此来避免信息轰炸。张三又把自己逃离互联网的这一段经历做成视频进行发布，收获了不少的点击量，这让他有了额外的收获，从此之后他会定期断网一段时间，甚至去体验寺庙中的出家生活，并把自己的视频做成系列。张三的视频广受好评，视频平台也对其进行了推荐，关注度越来越高，张三竟然变成了一个小网红。

张三的经历有三点启示。第一，对于大多数生活在现代社会中的人来说，互联网世界已经完全成为生存环境的一部分，影响力无处不在，而且也确实给现代人的生活质量带来了空前的提升，“生活”与“互联网”已经紧紧地锚定在一起，“逃离互联网”几乎已经变成了不可能完成的任务。第二，网络用户使用互联网业务的情况是自身生活状态的真实写照，二者之间存在着近乎完美的映射关系，所以一个人如果想要审视自己的生活状态，只要检查手机上的 App 就能得到一幅精准的生活自画像。第三，也是最重要的，如同人要处理好与自然界或者社会群体的关系一样，网络用户也要处理好与互联网的关系。

张三是一个普通的网络用户，同时几乎所有的网络用户都能从张三身上找到自己的影子。每个人都要意识到，互联网是广阔无垠的生存空间，是复杂多变的外部环境，是功能强大的工具平台，对身处其中的人具有无形却强大的控制力和影响力，所以网络用户要经常提醒自己，作为具有独立人格的“人”不应该成为互联网的奴隶，而应该以平和的心态、清醒的认知、客观的视角对其进行审视、利用和评价。

尽管这样的说法相对比较空洞，但网络用户应该充分认识到在“需求加心理产生行为”的模式之下，改善生活状态、实现个人成长所必需的要素哪些是可以在互联网世界中获取的，哪些是需要回归现实世界才能找到的，要在二者之间实现灵活的进退。要实现这样的目的，不仅要提升认知水平，更要不断进行心理与行为的修炼。

参考文献

[1] 佩奇.模型思维[M].贾拥民,译.杭州:浙江人民出版社,2019.

[2] 克里斯塔基斯,富勒.大连接:社会网络是如何形成的以及对人类现实行为的影响[M].简学,译.北京:中国人民大学出版社,2012.

[3] 范热内普.过渡礼仪[M].张举文,译.北京:商务印书馆,2010.

[4] 勒庞.乌合之众:大众心理研究[M].冯克利,译.北京:中央编译出版社,2019.

[5] 福山.信任:社会美德与创造经济繁荣[M].郭华,译.桂林:广西师范大学出版社,2016.

[6] 乐国安.社会心理学[M].2 版.北京:中国人民大学出版社,2013.

[7] 博伊姆.怀旧的未来[M].杨德友,译.上海:译林出版社,2010.

[8] 奥尔特.欲罢不能:刷屏时代如何摆脱行为上瘾[M].闾佳,译.北京:机械工业出版社,2018.

[9] 伊尼斯.传播的偏向[M].何道宽,译.北京:中国传媒大学出版社,2013.

[10] 班尼特.新闻:幻象的政治[M].杨晓红,王家全,译.9 版.北京:中国人民大学出版社,2018.

[11] 米歇尔.复杂[M].唐璐,译.长沙:湖南科学技术出版社,2018.

[12] 阿瑟.技术的本质:技术是什么,它是如何进化的[M].曹东溟,王健,译.杭州:浙江人民出版社,2018.

[13] 徐恪,李沁.算法统治世界:智能经济的隐形秩序[M].北京:清华大学出版社,2017.

[14] 赫拉利. 未来简史：从智人到智神[M]. 林俊宏，译. 北京：中信出版社，2017.

[15] 马瑟斯博，霍金斯. 消费者行为学[M]. 陈荣，许销冰，译. 13 版. 北京：机械工业出版社，2015.